Thomas Gronenthal et al.

Irrfahrt E-Auto

Abgesang auf die deutsche Autoindustrie

Thomas Gronenthal et al.

Irrfahrt E-Auto

Abgesang auf die deutsche Autoindustrie

Diplomatic Council Publishing

1. Auflage 2021

Bibliografische Informationen der Deutschen Nationalbibliothek

Die Deutsche Nationalbibliothek verzeichnet diese Publikation in der Deutschen Nationalbibliografie; detaillierte bibliografische Daten sind im Internet über http://dnb.d-nb.de abrufbar.

Printed in the Federal Republic of Germany.

Gestaltung, Cover, Satz: IMS International Media Services, Wiesbaden

Gedruckt auf säurefreiem Papier.

Print ISBN: 978-3-947818-81-5

E-Book ISBN: 978-3-947818-82-2

„Deutschland hat wahrscheinlich mehr als jedes andere Land für die Autobranche getan. Wenn Deutschland sich nicht bei elektrischen Autos durchsetzen kann, wäre das eine riesige Tragödie."

Bill Gates, 2021

Dieses Buch ist der deutschen Popgruppe „Kraftwerk" gewidmet, die mit ihrem ersten Welthit „Fahrn, Fahrn, Fahrn Auf der Autobahn" aus dem 1974 erschienenen Album „Autobahn" ein Lebens- und Freiheitsgefühl der Freude am Autofahren ausgedrückt hat, das sich seinem Ende nähert. Kraftwerk läutete mit dem damals revolutionären Einsatz elektronischer Musikinstrumente die „E-Ära" ein – seinerzeit für die Popmusik und heute im nachhinein betrachtet geradezu prophetisch als Abgesang auf die „freie Fahrt für freie Bürger". Kraftwerk hat Musikgeschichte geschrieben, der visionär klingende Sound der Band-Gründer Ralf Hütter und Florian Schneider entwickelte sich im wahrsten Sinne des Wortes zum Exportschlager.

Übrigens hat neben „Fahrn, Fahrn, Fahrn auf der Autobahn" der Song „Trans Europa Express" die elektronische Musik ebenso stark geprägt. Im nachhinein interpretiert hat Kraftwerk also schon damals über das Automobil hinaus geblickt. 2021 wurde Kraftwerk als erste deutsche Gruppe in die heiligen Hallen der „Rock 'n' Roll Hall of Fame" aufgenommen. Es war eine Anerkennung, dass die Band noch heute als bedeutendster internationaler Popexport Deutschlands mit globalem Einfluss gilt – ganz im Gegenteil zur deutschen Automobilindustrie, die ihre Exportmeisterschaft aufs Spiel setzt, weil sie sich mit dem Elektroantrieb, der Digitalisierung und der neuen Autowelt nicht zurecht findet.

Inhalt

Vorwort

1,6 Milliarden Fahrzeuge gibt es rund um den Erdball. Jedes Jahr werden etwa 80 Millionen neue produziert – ungefähr so viele, wie Kinder jedes Jahr geboren werden.[1] Sie alle, die Wagenbesitzer und die Kinder, werden von der anstehenden automobilen Revolution betroffen sein.

Die „stinkenden Kisten", die man mit röhrendem Sound durch die Gegend „heizen" konnte, nähern sich ihrem Ende. Es ist ein dramatischer Abschied, wie das Dieseldesaster mit seinem Netz aus Lug und Betrug auf beinahe schon tragische Weise zeigt. Die meisten von uns gehören zu den Betroffenen, denn wir fahren noch einen Benziner oder einen Diesel. Damit verbunden ist die Ungewissheit, wie lange man damit noch in welche Städte oder Regionen fahren darf. Wer schon mit einem E-Auto auf die neue Seite gewechselt ist, kämpft dort vermutlich mit den Herausforderungen einer Technologie, die noch am Anfang steht. Die Frage nach der verbleibenden Reichweite ist im aktuellen E-Zeitalter wie ein Damoklesschwert, das über jeder längeren Reise schwebt.

Dieseldesaster und Klimakatastrophe

Auf die Frage nach dem warum, nämlich warum unsere Gesellschaft die automobile E-Revolution überhaupt eingeläutet hat, gibt es zahlreiche Antworten und eine Nicht-Antwort. Fangen wir mit letzterer an: Die deutschen Automobilhersteller, über Jahrzehnte hinweg ein Rückgrat der heimischen Wirtschaft und eine weltweit bewunderte Symbolik für deutsches Ingenieurswesen mit Marken, die überall auf der Welt Begehrlichkeit weckten, haben die Reise in Richtung E-Mobilität nicht initiiert, sondern ganz im Gegenteil zu verhindern versucht, bis sie am Ende mit ihrer Blockadehaltung gescheitert sind. Und das hat vor allem zwei Gründe.

Erstens haben sich die deutschen Autohersteller mit dem Dieseldesaster selbst um jedwede Glaubwürdigkeit gebracht. 2015 fielen die Betrügereien der Hersteller erst auf, doch begonnen hatte das Spiel mit Lug und Betrug lange vorher.

Zweitens hat die bis in die 1970er Jahre zurückgehende Sorge um die Erhaltung der natürlichen Ressourcen unserer Erde mit der seit 2018 um sich greifenden Angst vor einer Klimakatastrophe geradezu zur Verdammung des automobilen Verbrennungsmotor als Inkarnation der Zerstörerung unserer Umwelt geführt.

Beide Aspekte – das Dieseldesaster und die Angst vor der Klimakatastrophe – spielen eine Schlüsselrolle für den Siegeszug der Elektromobilität und finden daher im vorliegenden Buch entsprechend Raum.

Das Ende der deutschen Dominanz beim Auto

Hinzu kommt freilich, dass sowohl die amerikanische als auch die asiatische Industrie ihre Chance sah und sieht, der deutschen Dominanz auf dem Automobilsektor den Garaus zu machen. Das hängt vor allem damit zusammen, dass sich die deutsche Autoindustrie über Jahrzehnte hinweg als gelinde gesagt wenig innovationsfreudig erwiesen hat. Träge und arrogant haben sich die deutschen Automobilhersteller auf ihren Erfolgen ausgeruht, ohne die grundlegenden Veränderungen in ihrer Branche auch nur vorherzusehen, geschweige denn mit zu gestalten. Damit haben sie nicht nur ihre eigene Zukunft, sondern auch die Zukunft Deutschlands als Industrienation im internationalen Vergleich aufs Spiel gesetzt. Es ist dieser geopolitische Aspekt, der bei vielen Menschen die Frage nach der künftigen industriellen Prosperität Deutschland aufwirft. Auch darauf findet das vorliegende Buch eine Antwort.

Thomas Gronenthal et al.

An diesem Werk haben zahlreiche namhafte Mitglieder der UNO-Denkfabrik Diplomatic Council mitgewirkt, vornehmlich durch fachliche, technische, visionäre, wissenschaftliche, gesellschaftliche und politische Beiträge. Das vorliegende Buch stellt in diesem Sinne ein Gemeinschaftswerk „et alii“ bzw. „et aliae“ dar. Diesen Gemeinsinn will die Autorengemeinschaft mit dem bibliografischen Kürzel „et al.“, also „und andere“, ausdrücken.

Die Anfänge der Elektromobilität

Als der damals weitgehende unbekannte Unternehmer Elon Musk am 24. Juli 2006 unter der beinahe ebenso wenig bekannten Automarke Tesla in einer Show vor geladenem Publikum auf dem kalifornischen Flughafen Santa Monica einen rein elektrischen zweisitzigen Sportwagen vorstellte, war es für die Autobranche eine Randnotiz, bestenfalls ein Gag, eine exotische Eintagsfliege, ungefähr so „bedeutungsvoll" wie der berühmte Sack Reis in China, wenn er umfällt, der sprichwörtliche Inbegriff der Bedeutungslosigkeit. Heute kann es wohl als Beweis dafür gewertet werden, dass es sich lohnt, auf den Sack Reis aufzupassen. Es ist kaum auszudenken, wie anders die automobile Welt heute aussähe, hätte damals auch nur einer der großen Automobilhersteller Tesla als Omen für eine neue Zeitrechnungen in der gesamten Branche erkannt. Doch von Weitsicht war damals keine Spur – außer beim Vorzeigeunternehmer Elon Musk.

Nikola Tesla – Erfinder und Namenspatron

Der unternehmerische Tausendsassa Elon Musik hatte das Unternehmen Tesla am 1. Juli 2003 in dem beschaulichen Städten San Carlos (rund 28.500 Einwohner, Hauptattraktionen sind Bierbrauereien, Weinkeller und ein Flugzeugmuseum) gegründet. Der Firmenname sollte an den Erfinder, Physiker und Elektroingenieur Nikola Tesla erinnern. Der am 10. Juli 1856 in der kroatischen 500-Seelen-Gemeinde Smiljan, die damals zum Kaisertum Österreich gehörte, geborene „Никола Тесла“, so die serbisch-kyrillische Schreibweise des Namens Nikola Tesla, hat unter anderem das heute als Zweiphasenwechselstrom bezeichnete System zur elektrischen Energieübertragung erfunden. Er schuf damit die Grundlage dafür, dass wir heute in jedem Haushalt der zivilisierten Welt über eine Stromversorgung verfügen. Weit über diese eine Erfindung hinausgehend hielt der Multi-Erfinder Nikola Tesla in 26 Ländern über 280 Patente, davon 112 in den USA.[2] Am 6. Juni 1884 zog der unruhige Erfindergeist nach New York und nahm zwei Tage später eine Anstellung bei der Firma Thomas Alva Edison an, aus der 1892 der heutige Weltkonzern General Electric entstand. Im März 1885 machte sich Nikola Tesla selbständig mit seiner eigenen Firma Tesla Electric Light and Manufacturing Company, die allerdings Ende 1886 schon wieder Konkurs anmelden musste, weil Tesla von zwei Geschäftspartner betrogen worden war. Doch er erfindungsreiche Unternehmer ließ sich nicht unterkriegen und gründete im April 1887 als Teilhaber seine zweite Firma Tesla Electric Company.

Am 16. Mai 1888 hatte Nikola Tesla die Gelegenheit, einen Vortrag zum Mehrphasenwechselstrom vor der wohl renommiertesten Institution der Elektroingenieur in den USA, der American Institute of Electrical Engineers (AIEE, heute IEEE) zu halten.[3] Im Kern ging es um eine neuartige Methode zur Stromübertragung; bei den bis dato üblichen Verfahren ging auf dem Übertragungsweg zu viel Energie verloren. Der unter dem Titel „New York Lecture" bekannte Vortrag erhielt große Aufmerksamkeit in der Fachwelt und in der unternehmerischen Welt. Der Erfinder und Großindustrielle George Westinghouse wurde auf Nikola Tesla aufmerksam, kaufte einige seiner Patente auf, stellte ihn an und gemeinsam setzten sie das Mehrphasenstromübertragungssystem mit der noch heute in Nordamerika üblichen Netzfrequenz von 60 Hz am Markt durch. Vor diesem Erfolg stand allerdings ein erbitterter Kampf gegen den Erfinder und Unternehmer Thomas Alva Edison, der auf ein Gleichstrom statt Wechselstrom zur Übertragung setzte. Man sprach damals vom sogenannten „Stromkrieg", bei dem letztendlich Teslas Konzept des Zweiphasenwechelstroms die Oberhand behielt, das bis heute weltweit die Grundlage unseres Stromnetzes bildet.

Es waren augenscheinlich der Pioniergeist, das unbändige unternehmerische Streben trotz Firmenpleite zwischendurch, und die Durchsetzung eines weltweiten Standards, die Elon Musk dazu veranlassten, sein Unternehmen nach Nikola Tesla zu benennen. Möglicherweise waren es aber auch dessen Eigenschaften, die sich laut Zeitzeugen und seines eigenen Buches „My Inventions: The Autobiography of Nikola Tesla"[4] mit den Worten „vielfältiges und eigenwilliges Genie" zusammenfassen lassen, ein technischer und unternehmerischer Tausendsassa seiner Zeit, wie Elon Musk heute. Genau wie Musk befasste sich Tesla mit vielen Gebieten, von der drahtlosen Elektrizitätsübertragung über die nach ihm benannte Teslaturbine und das Teslaventil bis hin zu Lufttorpedos und Strahlenkanonen. Musk ist mit seinen Unternehmungen vom Autohersteller Tesla über die Tunnelbohrfirma Boring Company bis hin zum Weltraumabenteuer SpaceX ebenso vielfältig engagiert, aber mit deutlich mehr wirtschaftlichen Erfolg als seinerzeit Nikola Tesla: Gegen Ende seines Lebens konnte sich Tesla nicht einmal mehr ein eigenes Zuhause leisten und lebte auf Pump und mit minimaler finanzieller Unterstützung der Westinghouse Company in einem New Yorker Hotel, in dem er am 8. Januar 1943 mit 86 Jahren vom Personal tot aufgefunden wurde.[5] Elon Musk hingegen stieg zeitweise zum reichsten Mann seiner Zeit auf.

Um ein Haar hätte der heutige Autohersteller Tesla übrigens den Namen Faraday bekommen, nach dem Erfinder Michael Faraday.[6] Elon Musk twitterte die Story angesichts der Ankündigung der britischen Gelehrtengesellschaft "Royal Society" über einen Vortrag über den Erfinder Michael Faraday. Auf ihn geht unter anderem der „Faradaysche Käfig“ zurück, der als Prinzip bekannt geworden ist, das etwa Insassen von Autos vor Blitzschlägen schützt. Musk schrieb auf Twitter: „Tesla hätte fast 'Faraday' geheißen, weil der ursprüngliche Rechteinhaber des Namens 'Tesla Motors' ihn uns nicht verkaufen wollte.“ Der ursprüngliche Besitzer der Wortmarke „Tesla“, Brad Siewart, hatte diese bereits 1994 registriert und wollte sie zunächst nicht verkaufen. Elon Musik erzählte darüber: „Wir haben die netteste Person aus dem ganzen Unternehmen losgeschickt, damit sie sich auf seine Türschwelle setzte, bis er zumindest mit uns redete.“ Schließlich ließ er sich überreden, sie für 75.000 Dollar Musks Company zu überlassen.[7]

Den Namen „Faraday“ wählte 2014 übrigens ein konkurrierender Elektroautobauer, Faraday Future.[8] Teslas Vorname erkor sich die Firma Nikola Corporation aus, die sich auf Elektro-Lkws spezialisiert hat.[9] Am Rande: Falls jemals der Name Milutin im Zusammenhang mit Elektroautos auftauchen sollten, hat sich jemand des Vornamens von Teslas Vater entsonnen.

In einem Interview bekannte Elon Musk übrigens, dass er den Namen „Tesla“ gerne mit weichem statt hartem „s“ ausspricht.[10] Es ist wohl als eine unbewusste Anerkennung der serbokroatischen Herkunft seines Vorbilds Nikola anzusehen.

Elektromobilität im Jahr 1821

Die Geschichte des Elektroautos geht zurück auf die Erfindung des Elektroantriebs im Jahr 1821. Der Engländer Michael Faraday führte in einem Experiment vor, wie ein Strom durchflossener Leiter unter dem Einfluss eines Dauermagneten um die eigene Achse rotierte. Es war also gelungen, einen Stromfluss in eine Bewegung zu übertragen. Faraday sprach damals von der „elektromagnetischen Rotation“. Das war der Schlüssel zur späteren Entwicklung von Elektromoren.

In den 1830er Jahren wurden die ersten funktionstüchtigen Elektrofahrzeuge entwickelt. Erwähnenswert ist Thomas Davenport, der eine Modelllokomotive mit einem Gleichstrommotor ausrüstete und auf Schienen im Kreis fahren ließ. Der Schienenkreis hatte lediglich 120 Zentimeter Durchmesser und aus heutiger Sicht mag die Geschichte lächerlich klingen, aber damals markierte es einen Durchbruch auf dem Weg zum Elektroauto. Der erste wirklich einsatzfähige Elektromotor wurde 1838 von dem deutschen Moritz Hermann von Jacobi entwickelt, übrigens im Auftrag des russischen Zaren. Elektromobilität schien zu dieser Zeit, genau wie heute, die Zukunft zu gehören. Der Jacobi-Motor hatte eine Leistung von 220 Watt und konnte damit ein mit mehreren Personen besetztes Schiff mit einer Geschwindigkeit von drei Stundenkilometern über sieben Kilometer vorantreiben. Der Jacobi-Motor genau wie sein Vorgänger in der Modelleisenbahn arbeiteten mit Gleichstrom. Es war Nikola Tesla, der nicht die Idee hatte, fortan Wechselstrom zur Energieübertragung zu nutzen, sondern sich auch mit der Entwicklung passender Elektromotoren befasste. Es gelang ihm, durch die Überlagerung mehrerer phasenverschobener Wechselströme ein Drehfeld zu erzeugen, dessen induktive Wirkung einen Anker antrieb. Anders ausgedrückt: Der Stromfluss in einem stromleitenden Material, etwa einem Kupferdraht, wird dazu gebracht, in einem Rhythmus ständig seine Laufrichtung zu ändern. Dadurch verläuft der Fluss gemäß einer Sinuskurve, wechselt also fortlaufend gleichmäßig zwischen einem Tief- und einem Hochpunkt. Werden nun mehrere Wechselströme so übereinandergelegt, dass die jeweiligen Tief- und Hochpunkte zeitlich versetzt sind, entsteht ein Drehfeld. Das ist ein elektromagnetisches Feld, das sich ständig derart verändert, dass ein in dem Feld frei schwebend aufgehängter Anker aufgrund der Magnetwirkung anfängt zu drehen. Die Drähte werden dabei zigfach umeinander gewickelt, wodurch eine sogenannte Spule entsteht. Der mehrphasige Wechselstrom in dieser Spule treibt letztlich den Anker. Die gezielt gesteuerten Stromschwankungen führen also zu einer mehr oder minder gleichförmigen Drehbewegung des Ankers. Dieses Prinzip bildete die Grundlage des Mehrphasenmotors und des gesamten Wechselstromsystem mit Generator, Übertragungssystem und Motor.

Schon damals stand übrigens die Frage nach der besten Batterietechnik im Raum. Die Wissenschaftler John Frederic Daniell und William Grove entwickelten Stromspeicher wie das Daniell- und das Grove-Element. Der schon erwähnte Jacobi-Motor arbeitete mit Platin-Zink-Batterien. Basierend auf den ersten Blei-Akkumulatoren, stellte der Franzose Gustave Trouvé im Jahr 1881 auf der Elektrizitätsmesse „Exposition Internationale d'Électricité“ in Paris das erste Fahrzeug mit Elektromotor und wieder aufladbarer Batterie vor. Es war als ein Dreirad konstruiert, konnte bis zu 12 Kilometer pro Stunde schnell fahren und war somit eine Art Prototyp heutiger Elektroautos.

Nach Trouvés Pionierarbeit kamen immer mehr Hersteller auf den Markt. Das erste Elektroauto von William Morrison erinnerte eher an eine Kutsche. Mit einem 2,5 PS Elektromotor, der von acht Batterien unter den Sitzen gespeist wurde, erreichte die E-Kutsche eine Reisegeschwindigkeit von 12 Stundenkilometer.

Erster Hybrid von Ferdinand Porsche

Was kaum einer weiß: Ferdinand Porsche, Symbol der rasenden Benziner, gehörte ebenfalls zu den Pionieren der Elektromobilität. Im Zuge der Weltausstellung in Paris stellte er das Lohner-Porsche-Elektromobil vor, das mit einer technischen Innovation glänzte: Der Wagen verfügte über zwei 2,5 PS starke Elektromotoren, die unmittelbar in den Radnaben der Vorderräder integriert waren. Dank der Radnabenmotoren kam das Auto ohne Zwischengetriebe, Riemen, Ketten und Differentiale zur Kraftübertragung aus. Doch die Innovationskraft des jungen Ferdinand Porsche war damit noch lange nicht am Ende. Er kombinierte später die beiden elektrischen Radnabenmotoren mit einem Verbrennungsmotor von Daimler zu einem, wie es damals hieß, Mixte-Antrieb: Das weltweit erste Auto mit Hybridantrieb war geboren. Es ging noch weiter: Ferdinand Porsche hatte den Verbrennungsmotor mit einem kleinen Generator versehen, der Strom für die Batterie erzeugte, die wiederum die Elektromotoren versorgte. Es war ein weit vorausschauendes Konzept, wobei Porsches Innovation darin bestand, Verbrennungs- und Elektromotor zu koppeln, nicht etwa darin, auf Elektromobilität zu setzen. Denn der Einsatz von Elektromotoren stellte zur Jahrtausendwende das übliche Vorgehen bei der Konstruktion des Antriebs für ein Auto dar.

Im Jahr 1900 fuhren auf den Straßen der USA 1.688 Dampfautomobile, 1.575 Elektrofahrzeuge und 929 Fahrzeuge mit Benzinmotor. Sieht man von den Dampfmaschinen ab, lag der elektrische Antrieb also weit vorne. Wer damals in New York ein Taxi rief, hatte ein batteriebetriebenes Fahrzeug zu erwarten. Im Jahr 1912 lieferten 20 Hersteller insgesamt beinahe 24.000 Elektroautos aus. Das Modell, „Detroit Electric", eine Marke der damals angesagten Anderson Company, wurde von 1907 bis 1938 produziert und galt als ein technisches Meisterwerk seiner Zeit. Berühmte Namen wie John D. Rockefeller, Thomas Edison und Henry Ford, Gründer des gleichnamigen Automobilbauers, fuhren einen „Detroit Electric".

Eigentlich war die Elektromobilität also seit der Jahrhundertwende – zum Jahr 1900 wohlgemerkt, nicht zum Jahr 2000 – eine ausgemachte Sache – hätte sich nicht Carl Friedrich Benz mit seinem Benzinantrieb hervorgetan. Der am 25. November 1844 in Mühlburg als Kind einer Dienstmagd und eines Lokomotivführers geborene Ingenieur hatte bereits 1885 seinen Benz Patent-Motorwagen Nummer 1 vorgestellt, den er am 29. Januar 1986 beim Reichspatentamt unter der Nummer 37435 zum Patent anmeldete. Das dreirädrige Fahrzeug („Tricycle" laut Patenttext) erreichte mit einem Viertaktmotor und elektrischer Zündung eine Leistung von 0,67 PS und eine Höchstgeschwindigkeit von 16 Stundenkilometern. Es fuhr erstmals im

Sommer 1885 in Mannheim durch die Straßen und gilt bis heute als das erste praxistaugliche Automobil überhaupt.[11]

Warum sich letztlich der Benzinmotor gegen den Elektroantrieb durchsetzte, war jedoch nicht nur eine Folge genialer Erfindungen, sondern allem auch eine Frage des Geldes. Nicht nur war der Benzinmotor billiger als Elektroantriebe mit ihren teuren Batterien, sondern auch der Rohstoff Erdöl war damals weder knapp noch teuer. Im Gegenteil: Mit Beginn der kommerziellen Erdölexploration Ende des 19. Jahrhunderts erlebte Erdöl einen Aufschwung und wurde weltweit nicht zuletzt aufgrund seiner hohen Energiedichte zum bevorzugten Treibstoff für Maschinen, Automobile und Industrie. In Folge dessen entstanden immer mehr Benzintankstellen.

Das Problem der wieder aufzuladenden Batterien und der dadurch teuren Elektroautos war durch die Erfindung von Carl Benz zwar nicht gelöst, aber mit dem Benzinmotor in den Hintergrund geraten. Erst rund 100 Jahre später verhalf der studierte Physiker und Volkswirt Elon Musk dem Elektroantrieb erneut zum Durchbruch – bis dieser möglicherweise durch eine neue Technologie wie beispielsweise den Wasserstoffantrieb abgelöst wird; aber das Wasserstoffzeitalter liegt vermutlich noch ein Jahrhundert in der Zukunft.

Der Durchbruch der Benziner war im übrigen auch geschickter Werbung zu verdanken. Statt mit Schmutz und Lärm wurden die Wagen mit Begriffen der Stärke wie Kraft und Potenz in der Werbung angepriesen. 1842 wurde soweit bekannt die erste Werbeagentur in den USA gegründet und seitdem trägt die geschickte Platzierung eines positiven Images eines Produkts in der Zielgruppe der potenziellen Käufer mindestens ebenso stark zum Erfolg bei wie die Ware selbst. Es war wohl die Kombination aus allen diesen Faktoren – eine gute und praxistaugliche Ingenieurstechnik auf Seiten der Benziner, eine teure und umständliche Batterietechnik auf Seiten der Elektromobilität, ein preiswerter Treibstoff aus Erdöl und eine geschickte Werbung – die letztlich dem Verbrennungsmotor zum Siegeszug verhalfen.

Der Todesstoß für die damalige Elektrogeneration kam 1913, als die Fließbandproduktion unter anderem bei Ford begann – und bei diesem kostengünstigen Produktionsverfahren ausschließlich Verbrennungsmotoren verbaut wurde. Danach fanden Elektroautos nur noch in Nischen ihre Daseinsberechtigung, so etwa bis in die 1970er Jahre bei der Nutzung als kleine, aber geräuscharme Lieferwagen für die morgendliche Lieferung von Milchflaschen in Großbritannien und den USA oder als Carts auf Golfplätzen. In Berlin der 1950er Jahre kamen elektrische Fahrzeuge zeitweise zur Briefkastenleerung zum Einsatz.

Die neue Ära der Elektromobilität nahm ihre ersten zarten Anfänge in den 1990 Jahren. Pionier dieser Neuzeit war Volkswagen. Mit dem CityStromer stellte der Konzern zwischen 1992 und 1996 eine Elektroversion des populären VW Golf her, allerdings nicht zum Verkauf an Privatkunden, sondern nur für gewerbliche Zwecke. Allerdings wurden nur 120 Exemplare dieses frühen E-Golfs produziert. Von 1996 bis 1999 versuchte General Motors (GM) mit dem GM Electric Vehicle 1 das erste Elektroauto der Kompaktklasse mit einer Stückzahl von immerhin 1.117 Exemplaren im Markt zu etablieren. Rund 800 Fahrzeuge wurden an Prominente wie Mel Gibson oder Tom Hanks verschenkt, um Sichtbarkeit in der Öffentlichkeit zu erreichen. Doch trotz des enormen Marketingaufwands wurde kein durchschlagender Erfolg daraus, unter anderem, weil GM aufgrund einer fehlenden Ersatzteilproduktion keine längerfristigen Sicherheitsgarantien geben konnte. Am Ende wurden die Fahrzeuge, die nicht verkauft, sondern nur verleast worden waren, zurückgerufen und mit Ausnahme von drei Ansichtsexemplaren, verschrottet. Daraufhin galt das E-Auto mehrere Jahre lang als exzentrische Vision hartnäckiger Umweltschützer und ambitionierter Bastler, fernab vom Mainstream, bestenfalls für Freaks geeignet, die im Schneckentempo auf einer Versuchsstrecke partout beweisen wollten, dass das Konzept doch irgendwann einmal in ferner Zukunft zu realisieren sei.

Damit schien das Kapitel der Elektroautos ein zweites Mal zugeschlagen – bis Tesla 2005 seinen batteriebetriebenen Roadster ankündigte.

Tesla fährt vor

Das selbstfahrende Auto stellt eine (nicht nur) technische Revolution dar. Doch vor diesem fundamentalen Umbruch hat bereits eine andere Revolution den Automobilmarkt fundamental umgekrempelt: der Wechsel vom Verbrennungsmotor zum E-Auto. Wenn heute die Rede davon ist, dass alle großen Autohersteller ihre Zukunft im elektrischen Antrieb sehen, dann ist das im Grunde einem einzigen Unternehmen zuzuschreiben: Tesla – und einer einzigen Person: Tesla-Chef Elon Musk.

Tesla Roadster der Erste und der Zweite

Als Elon Musk 2006 den rein elektrisch betriebenen zweisitzigen Sportwagen Tesla Roadster vorstellte, wollte er beweisen, dass es möglich ist, ein „richtiges Auto" mit Elektroantrieb herzustellen. In den Jahren zuvor waren Elektroautos mehr oder minder experimentelle Versuchsmodelle mit geringer Leistung und wenig Alltagstauglichkeit gewesen. Der Wagen wurde von 2008 bis 2012 gebaut und sprach mit über 100.000 Dollar Kaufpreis nur eine gut betuchte Kundschaft an, die sich einen Zweit- oder Drittwagen als Spaßauto leisten konnte, sozusagen für die kurze Ausfahrt am Sonntag. Es war sicherlich kein Zufall, dass der erste Tesla Roadster ein zweisitziger Sportwagen war, ein „Fun Car" eben. Der rein elektrische Sportwagen sorgte für viel Wirbel in der Presse, aber ein Erfolg war er nie. Zwei Jahre nach der Präsentation wurde die Serienproduktion 2008 aufgenommen und nach ca. 2450 verkauften Fahrzeugen, davon rund 1.800 in den USA, 2012 wieder eingestellt. Der Wagen war also ein technisches Spielzeug für die Upper Class, den Einstieg in die Rettung der Welt durch Elektromobilität hatte die Presse daraus gemacht, nicht die Ingenieure. Diese Erkenntnis war vermutlich auch der Grund, warum der erste Roadster von den tradierten Automobilherstellern schlichtweg nicht ernst genommen wurde. Teslas damaliger E-Sportler galt in der automobilen Welt als die verrückte Idee eines verschrobenen Unternehmers ohne ernsthafte Erfolgsaussichten, die bald ihr Ende finden würde. Doch es sollte nicht das Ende, sondern der Anfang des kometenhaften Aufstiegs von Tesla werden.

Das Nachfolgemodell des Roadsters für die 2020er Jahre wurde erstmals 2017 vorgestellt. Der Autobauer nannte ihn „einen Sportwagen der Superlative mit rekordbrechender Beschleunigung“. Der Tesla Roadster der zweiten Generation hat ein abnehmbares Glasdach und eine Zwei+zwei-Sitzgruppe mit kleineren Rücksitzen. Er wird von drei Elektromotoren angetrieben, einem für die Vorderachse und je einem pro Hinterrad – was einem Allradantrieb gleichkommt.[12]

Auto mit Raumfahrtantrieb

Der Clou der zweiten Auflage des Roadster liegt in einem von Elon Musk angekündigten SpaceX-Zusatzpaket. Mit dieser Sonderausstattung käme Raumfahrttechnik im Fahrzeug zum Einbau. Und die hat es in sich. Nach den Vorstellungen des innovativen Unternehmers sollen die Düsen nämlich nicht nur zur Beschleunigung dienen, sondern dem Wagen ermöglichen, bis zu einem Meter über der Straße zu schweben. Dazu sollen Düsen hochkomprimierte Luft in Richtung Fahrbahn ausstoßen, um das Auto oben zu halten.[13] Die Verkehrssicherheit will Vollblut-Unternehmer Musk gewährleisten, was nicht nur die Techniker, sondern auch die Gesetzgeber vor neue Herausforderungen stellen dürfte. Schließlich sind schwebende Autos bislang in keiner Straßenverkehrsordnung der Welt vorgesehen. Ob und vor allem wann der „Tesla Hover“ oder ein anderes fliegendes Auto in dieser oder ähnlicher Form abhebt, steht zum Zeitpunkt der Drucklegung dieses Buches noch nicht fest. Klar ist aus heutiger Sicht, dass Fluggeräte in den Mobilitätskonzepten der Zukunft eine maßgebliche Rolle weit über herkömmliche Flugzeuge hinaus spielen werden. Autonome Flugtaxis befinden sich zahlreich in der Entwicklung; es herrscht geradezu ein Wettbewerb darum zwischen den alteingesessenen Flugzeugherstellern wie Airbus und Boeing und zahlreichen neuen Startups um den Zukunftsmarkt „bemannten, vollelektrischen Senkrechtstarter“, wie die Bundesregierung die Generation der neuen Fluggeräte nennt.

Wie gut Elon Musk seine Automobil- und Raumfahrtaktivitäten kombinieren kann, demonstrierte er, als er mit dem Roadster das erste Serienfahrzeug der Welt mit einer Rakete in den Weltraum beförderte. Das war zwar nur eine PR-Show, aber es lässt erahnen, dass Entwicklungen, die heute noch wie Science

Fiction anmuten, rasch zur Realität werden können. Die Tatsache, dass der Tesla-Chef ernsthaft über vielleicht nicht fliegende, so doch schwebende Autos spekuliert, während weite Teile der Automobilindustrie mühsam mit der Umstellung vom Verbrennungsmotor auf den Elektroantrieb kämpfen und das autonome Fahren allenfalls rudimentär ins Auge gefasst haben, zeigt die Innovationsgeschwindigkeit, mit der die Mobilitätsbranche in den 2020er Jahren voranschreiten wird. Stand 2021 hatten praktisch alle Autohersteller auf E-Mobilität umgeschwenkt und viele bereits das Aus für die Verbrennerproduktion verkündet.

Es bleibt zu spekulieren, ob jeder „Dieselschummler" die Innovationskraft aufweist, um in der neuen Autowelt mitzumischen. Denn während die Innovationstreiber autonome E-Auto längst für ausgemachte Sache halten, wurden in Deutschland noch Anfang der 2020er Jahre Studien durchgeführt, die beweisen sollten, dass der Elektroantrieb überhaupt nicht so umweltfreundlich sei, wie häufig unterstellt. Die Implikation: Eigentlich fährt man mit dem Diesel mehr oder minder noch sehr lange weiterhin gut. Während die deutschen Autohersteller noch lange an der Vergangenheit des Verbrennungsmotors kleben blieb, eroberte Tesla schon längst die E-Welt – und Apple bereitete die D-Welt vor – wohlgemerkt, D wie digital, nicht wie Diesel.

Die Eroberung der automobilen Welt ist Tesla indes nicht mit dem Roadster gelungen, sondern mit den Modellen S, X und 3 sowie seit Herbst 2021 mit dem Model Y.[14] Im September 2021 rückte erstmals mit Teslas Model 3 ein Elektroauto auf den ersten Platz unter den meistverkauften Pkw in Europa auf. Volkswagen, mit dem Golf jahrelang Marktführer auf dem Kontinent, stürzte auf den vierten Platz ab.[15] Im gleichen Jahr steigt Tesla in den exklusiven „Club“ der Konzerne mit einer Bewertung von über einer Billion Dollar auf.[16] Beides stellte eine Zäsur dar, ein Zeichen dafür, dass die neuen Autohersteller der altgedienten Riege im wahrsten Sinne des Wortes den Rang ablaufen. Zu „den Neuen“ gehören neben Tesla auch Amazon, Google und mutmaßlich Apple.

Google und Amazon übernehmen das Auto

Apple wurden seit 2015 Ambitionen nachgesagt, ein eigenes Automobil auf den Markt zu bringen. Dabei war absehbar, dass Apple wie schon beim iPhone, iPad und Mac-Computer auf eine nahtlose Integration von Hardware, Software und Services setzen würde. Der Konzern mit dem Apfel-Symbol will immer die gesamte Wertschöpfungskette vereinnahmen, das Know-how mit niemandem teilen und den Kunden möglichst vollumfänglich bedienen und beherrschen.

Einen anderen Weg ging Google bereits im Smartphonemarkt. Das Betriebssystem Android lieferte Google an praktisch jeden Hersteller, der ein Smartphone auf den Markt bringen wollte. Es war eine klare Aufteilung: Die Hardware kommt von einem beliebigen Hersteller, die Software stets von Google. Dasselbe

Prinzip wollte Google auch auf den Automobilmarkt ausdehnen. Wer immer einen intelligenten Wagen bauen wollte, konnte die passende Software von Google in Lizenz bekommen.

Einen ersten Schritt in diese Richtung unternahm Google (übrigens ebenso wie Apple) bereits mit Android Auto (Carplay bei Apple), der Anbindung des Smartphones an das Auto. 2021 stieg mit Amazon ein weiterer Digitalkonzern in dieses Marktsegment ein.

Das Produkt Amazon Echo Auto richtete sich vor allem an Besitzer älterer Fahrzeuge, für die viele Hersteller kein digitales Angebot vorgesehen hatten. Für 60 Euro bekam man alle von Alexa und Co bekannten Funktionen ins eigene Auto. Außerdem versprach Amazon, in Zukunft auch Bezahlfunktionen für Tankstellen und Parkhäuser nachrüsten zu können.

Für Amazon, Google und letztlich auch Apple sind nämlich nicht nur die Fahrfunktionen der Wagen von Interesse – vor allem bei selbstfahrenden Autos –, sondern auch alle anderen Daten, die während der Fahrt anfallen. Und diese Datenberge sind gewaltig. Welche Musik wird gehört, welche Services genutzt, welche Routen gefahren, welche Restaurants besucht – diese und viele weitere Informationen lassen sich ausnutzen, um daraus neue Einnahmequellen zu generieren, von innovativen Services und personalisierten Shopangeboten über Empfehlungen etwa für bestimmte Destinationen oder Waren bis hin zu zielgenauer Werbung.

Googles Betriebssystem wird die Autobranche in den 2020ern durchdringen. So hat General Motors angekündigt, ab 2022 auf eigene Infotainmentsysteme zu verzichten und stattdessen ganz auf Google zu setzen. Renault, Nissan und Ford haben denselben Schritt ab 2023 in Aussicht gestellt. Damit werden bald die Kunden von drei der fünf größten Autohersteller der Welt auf Android Automotive OS setzen. Apple-User werden übrigens nicht ausgeschlossen; Carplay lässt sich auch mit dem Google-System nutzen.[17]

Damit zeichnet sich für die 2020er Jahre im Grunde das „Horrorszenario“ ab, das die traditionelle Autoindustrie unter allen Umständen vermeiden wollte: Die Hersteller liefern die Hardware, Google & Co die Intelligenz der künftigen Wagen. Es war genau diese Digitalisierungsfalle, vor der viele Kenner der Auto- und der Digitalbranche – darunter auch die Autoren dieses Buches –, über Jahre hinweg gewarnt hatten. Aber in einer Mischung aus maßloser Selbstüberschätzung, wohlgepflegter Behäbigkeit und selbstgefälliger Abkapselung im eigenen Elfenbeinturm sowie einem mit der Bewältigung der dunklen Dieselvergangenheit abgelenkten Management tappte die Automobilindustrie geradezu abenteuerlich vorhersehbar in eben diese Falle. Man hatte probiert, das Auto der Vergangenheit zu verbessern, statt das Auto der Zukunft zu erschaffen.

Apple und der Billionen-Markt

Wird Apple im Markt für autonomes Fahren mitmischen? Mit Sicherheit, sagt die Mehrzahl der Experten. Und bisher hat das Unternehmen abgesehen von der PC-Ära längst vergangener Tage noch in jedem Markt, den es betreten hat, eine maßgebliche Rolle gespielt, man könnte auch sagen, den jeweiligen Markt entscheidend geprägt: Smartphones, Tablets, Smart Watches. Anfang 2021 trugen über 100 Millionen Menschen eine Apple Watch am Handgelenk – mehr als die Modelle der gesamten Schweizer Uhrenindustrie zusammengezählt.[18] Man kann also wohl davon ausgehen, dass Apple auch im Markt für autonomes Fahren eine Schlüsselrolle anstrebt.

2018 wurde bekannt, dass Apple an einem „Projekt Titan" arbeitet: einem eigenen Auto, gelegentlich als iCar kolportiert. Unklar war lange Zeit, ob der „iKonzern" nur Funktionen für andere Autohersteller bereitstellen oder tatsächlich ein eigenes Auto auf den Markt bringen wollte. Zeitweise haben mehr als 1.000 Ingenieure in diesem Segment bei Apple gearbeitet.

Anfang 2019 entließ Apple zwar rund 200 Mitarbeiter rund um das Projekt Titan. Aber das hing wohl damit zusammen, dass Apple die Ambitionen, ein eigenes Fahrzeug zu entwickeln, zurückstellte, um sich auf die Entwicklung der Technologie für autonomes Fahren zu konzentrieren. Denn der Innovationsschub besteht nicht darin, ein besonders schickes Auto herzustellen, auch nicht darin, es mit einem elektrischen Antrieb auszustatten (das war die Tesla-Innovation Jahre zuvor), sondern darin, ein Level-5-Auto zu bauen, also einen Wagen, der völlig autonom ohne Fahrer sein Ziel findet.

Als sicheres Anzeichen dafür, dass Apple diese Vision verfolgt, gilt die Übernahme des Mobilitätsanbieters Drive.ai im Sommer 2019. Wie der Firmenname andeutet – das „ai" steht für Artificial Intelligence – geht es dabei um den Einsatz Künstlicher Intelligenz für die Fahrzeugsteuerung. Apple steht dabei im direkten Wettbewerb mit anderen Digitalkonzernen wie Google oder Amazon und natürlich auch mit den klassischen Automobilherstellern, die um ihr Terrain kämpfen. Zukäufe wie von Technologie-Startupfirmen wie Drive.ai gehören dabei für die Konzerne zum Alltag, um sich die Technologie und vor allem die darauf spezialisierten Ingenieure zu sichern.

Der entscheidende Wettbewerbsvorteil von Apple und anderen Digitalkonzernen gegenüber den traditionellen Autoherstellern liegt in der Software, verbunden mit neuartiger Hardware. Als Apple 2007 das erste iPhone vorstellte, hatte die Welt ein derartiges Gerät, das mit den Fingern auf einem Touchscreen bedient werden kann, noch niemals gesehen. Der Platzhirsch im Mobilfunkmarkt, Nokia, stand entzaubert dar und verlor binnen weniger Jahre seine dominante Rolle als führender Hersteller von Mobiltelefonen. Apple hatte nicht das Mobiltelefon verbessert, sondern mit dem Smartphone eine völlig neue Produktkategorie eingeführt, perfektioniert und dominiert. Die Angst von VW, BMW und Daimler Anfang der 2020er Jahre bestand darin, auf den Spuren von Nokia zu wandeln, ohne es zu merken oder sich wehren zu können.[19] Das Apple Car ist sicherlich nicht „einfach nur ein neues Auto“, sondern eine Zäsur für den Markt. Bei allen vorherigen Produktkategorien, die Apple erobert hat, war es stets eine besonders enge Verzahnung von Hardware und Software, die zu entscheidenden Wettbewerbsvorteilen führte. Das Apple Car wird keine Ausnahme darstellen. Bei der Hardware mag Apple teilweise auf externe Hilfe zurückgreifen wollen – 2021 wurden Fertigungskooperationen mit zahlreichen namhaften Automobilherstellern von BMW bis Hyundai kolportiert –, doch bei der Software und dem Zusammenspiel beider Komponenten wird Apple zweifelsohne neue Wege gehen. Es könnte zu einem „iPhone-Moment“ für die Autoindustrie – große Marken könnten genauso hinweggefegt werden wie Nokia, einst gefeierter Weltmarktführer der Mobilfunkbranche, der den Sprung in die nächste Generation verpasste.[20]

Die Investitionen in die nächste Autogeneration scheinen gut angelegt, weil der Zukunftsmarkt nicht etwa auf Milliarden, sondern auch Billionen geschätzt wird. Allein im Marktsegment der Robotertaxis wird ein Volumen von über zwei Billionen Dollar bis 2030 veranschlagt.[21]

Apple hat keine Ahnung – na und?

„Apple hat keinerlei Erfahrung im Automobilmarkt“ lautet ein gängiges Argument gegen die Erfolgsaussichten des iKonzerns. „Apple wird es sehr schwer haben, den Wow-Moment, den das iPhone 2007 hervorgerufen hat, im Automarkt zu wiederholen“, ein anderes. Beide Argumente sind nicht von der Hand zu weisen. Aber was dabei gerne übersehen wird: Apple wurde als Hersteller von Personal Computern gegründet und hatte auch keinerlei Erfahrungen im Musikmarkt. Bis das Unternehmen 2001 den Musikplayer iPod und die Musiksoftware iTunes vorstellte. Beides zusammen hat den Musikmarkt geradezu auf den Kopf gestellt und für immer verändert. Die Firma war als Apple Computer gegründet worden, weil sie nur auf Computer fixiert war. Mit dem Einstieg in den Musikmarkt legte sie den Zusatz „Computer“ im Firmennamen ab.

Apple hatte auch keinerlei Erfahrung im Uhrenmarkt. Dennoch zierte die 2014 vorgestellte Apple Watch Anfang 2021 mehr als 100 Millionen Handgelenke rund um den Globus. Der Innovator Apple verkauft heute mehr Uhren als die gesamte Schweizer Uhrenindustrie zusammen. Das hat einen einfachen Grund: Eine Smartwatch wie die Apple Watch ist im Grunde gar keine Uhr mehr, es ist ein Computer, bei dem die Anzeige der Uhrzeit zu den geringsten Leistungsmerkmalen gehört. Das mag man als Prophezeiung für das künftige Apple Car einstufen.

Ein mit heute noch kaum vorstellbarer Computerleistung, ausgeklügelter Software, Künstlicher Intelligenz und derzeit überhaupt noch nicht bekannten Features ausgestattetes Auto ist möglicherweise auch nicht mehr „einfach ein Auto“, sondern eine Art persönlicher Computer, der auch über die Funktion verfügt, Passagiere von A nach B zu bringen. Dabei wird Apple nicht nur das Car mit heute noch schwer vorstellbaren Leistungsmerkmalen versehen, sondern vor allem auch die Summe aller Wagen, die Fahrzeugflotte – und darüber hinausgehend die Summe aller Apple-Geräte, nicht nur der Autos. Denn Apple verfügt längst über ein global vernetztes Universum. Rund anderthalb Milliarden Geräte mit dem Apple-Betriebssystem iOS (Internet Operating System) sind weltweit im Einsatz.[22] Das stellt eine solide „intelligente" Basis für den Einstieg in den Zukunftsmarkt der Smart Cars dar.

Apple wird sein Car selbstverständlich in sein weltumspannendes Apple-Universum einbauen und mit allen iOS-Geräten vernetzen, die dazu geeignet und nützlich sind. Nehmen wir nur ein Beispiel: Anhand der Bewegungsdaten der iPhones und Watches ist Apple in der Lage, jeden Verkehrsstau zu erkennen – mittels Künstlicher Intelligenz häufig sogar, bevor er entsteht. Es bietet sich geradezu an, diese Informationen sekundengenau der Fahrzeugflotte von Apple zur Verfügung zu stellen. Was heißt das für den Käufer eines Apple Car: Er wird mit diesem Wagen beinahe nie mehr in seinem Leben im Stau stehen (vermutlich mit der Ausnahme, falls direkt vor ihm ein Unfall geschieht, der sich dann so schnell nicht umfahren lässt). Doch eine Reduzierung des Staustehens um 99 Prozent stellt bereits für sich genommen ein schwer schlagbares Argument dar, ein Apple Car zu kaufen statt eines sagen wir VW, BMW oder Mercedes. Selbst ein Porsche oder ein Ferrari mag ein noch so tolles Auto sein – im Stau ist es weniger wert als ein Fahrrad, mit dem man auf dem Radweg an der Autoschlange vorbei schneller vorankommt als jedes Superauto.

Chinesische Autohersteller auf dem Vormarsch

Über Jahrzehnte hinweg galt die deutsche Autoindustrie als das Maß aller Dinge in der Branche. Marken wie Mercedes, BMW, Porsche, Audi und auch VW strotzten vor Selbstbewusstsein, man könnte auch Arroganz sagen. Dann kam der Dieselskandal und es wurde öffentliche, dass praktisch alle Autohersteller die Behörden und die Kunden über Jahre hinweg mit falschen Angaben belogen und betrogen hatten. Doch statt sich zu entschuldigen, wehrten sich die deutschen Autobauer mit Händen und Füßen, auch nur irgendeine Schuld einzugestehen. Während dieses ausufernden juristischen Kampfes gegen Behörden und Kunden sowie gegen schlechte Presse schickte sich der davon nicht betroffene E-Autohersteller Tesla an, die alteingessene Garde zu überholen. Lange, sehr lange, verteidigten VW und Konsorten noch den Verbrennungsmotor, bevor sie ihn durch die Bank weg aufgaben, und ebenfalls auf den E-Antrieb umschwenkten. Doch mittlerweile ging und geht es längst nicht mehr nur um den Antrieb, sondern noch stärker um die Software. Damit war klar, dass die großen US-Digitalkonzerne zu Wettbewerbern um den Markt der Smart Cars werden.

Kaum auf dem Radar hatten die deutschen Autohersteller indes die chinesische Konkurrenz, die jedoch seit Anfang der

2020er Jahren zusehends auf den Weltmarkt drängt. Lange hatte man „China-Autos“ bestenfalls als Billiganbieter wahrgenommen, nicht als Konkurrenz zu Topmarken wie Audi, BMW, Mercedes oder VW. Doch die jüngsten Entwicklungen chinesischer Hersteller fallen haufenweise durch innovative Technik, schickes Design und dem Anspruch bis hin zur Oberklasse auf. Beispielhaft für diese neue Generation steht der erst 2014 in Shanghai gegründete Hersteller Nio, der längst als „Tesla von China“ gehandelt wird.

Das Modell Nio ET7 verkörperte 2021 eindrucksvoll eine Oberklasse mit elegantem Design, hochwertigem Interieur und so vielen Sensoren, dass der Wagen autonom zu fahren vermag, sobald dies vom Gesetzgeber erlaubt wird. Die Liebe zum Detail hat viele Automobiltester in Europa in Entzücken versetzt.[23]

Anstatt das Auto mit schnödem Plastik auszukleiden, setzt Nio im Interieur des ET7 konsequent auf einen leichteren und angeblich deutlich nachhaltigeren Werkstoff, den die Chinesen zusammen mit einem deutschen Unternehmen entwickelt haben: „Karuun“ besteht hauptsächlich aus Rattan, einem in Indonesien wachsenden Palmengewächs, das bisher hauptsächlich in der Möbelbranche eingesetzt wurde. Durch einige Verfeinerungsprozesse ist das nachwachsende Material so widerstandsfest wie Kunststoff.[24] Und das ist nur ein Beispiel unter vielen, die die Nio-Limousine mindestens ebenbürtig zur Oberklasse „made in Germany“ erscheinen lassen.

Als revolutionär ist wohl das Batteriesystem einzustufen: Beim Stopp an den entsprechenden Ladepunkten wird die aus Feststoffzellen aufgebaute leere Batterie einfach von einem Robotersystem gegen eine frisch geladene ausgetauscht – und zwar binnen weniger Minuten und ohne dass der Fahrer selbst Hand anlegen muss. Das Fahrzeug fährt sogar selbstständig in die Wechselstation.[25] Mit Stand 2022 ist diese Infrastruktur in Deutschland oder gar Europa nicht aufgebaut. Aber die Innovationskraft, die sich darin ausdrückt, nicht einfach die herkömmliche Zapfsäule für Benzin und Diesel durch eine Ladestation für Strom zu ersetzen, sondern ein neues Konzept zu verfolgen, ist unübersehbar.

Nio drängt nicht als einziger chinesischer Autohersteller auf den europäischen Markt. Firmen wie etwa Great Wall Motors Aiways und andere, die sich auf ihrem Heimatmarkt, dem mit Abstand größten der Welt, etablieren konnten, haben sich auf den Weg nach Europa gemacht.

Diese Entwicklung bringt die europäischen Hersteller in eine Zwickmühle. Es genügt nicht, den US-Digitalkonzernen Paroli zu bieten, sondern sie müssen sich ebenso gegen die neue Generation der Autohersteller aus Fernost wehren. Angesichts dieser Situation mag es nicht verwundern, wenn eine ganze Reihe von Experten bereits den Untergang der „Autonation Deutschland“ voraussehen. Bedenken wir: Einst gab es deutsche Markenhersteller von Fernsehgeräten und Handys – heute ist davon nichts mehr übriggeblieben. Bei Software gibt es immerhin noch einen einzigen Konzern von Weltbedeutung: SAP. Ob es künftig nur noch einen einzigen Autohersteller namens „BMVW Mercedes" geben wird, bleibt natürlich bloße Spekulation.

E-Laster und Platooning

Die Elektromobilität macht bei den Pkw nicht halt, sondern schickt sich an, auch Busse und Lastwagen zu erobern. Mit viel medialer Aufmerksamkeit stellte Tesla im November 2017 einen elektrischen Sattelschlepper vor. Bei den Unternehmen kam das gut an. UPS bestellte 125 E-Schlepper bei Tesla, Pepsi 100 Fahrzeuge, Anheuser-Busch 40 Trucks und weitere kleinere Aufträge kamen von Walmart und DHL.

Die E-Riesen der Straße benötigen zum Laden allerdings auch riesige Ladestationen. Megacharger nennt Tesla die Lademammuts und verspricht, ein Netz der Lkw-Charger sukzessive aufzubauen. Am Rande der Vorstellung wurde allerdings klar, dass die Lkw-Kunden bei den Stationen, die an ihren eigenen Standorten errichtet werden, einen Teil der Kosten selbst tragen müssen. Hängt der Tesla-Laster am Megacharger, solle er binnen 30 Minuten soweit geladen werden, dass er damit beachtliche 630 Kilometer weit fahren kann.

Später stellte sich heraus, dass der E-Sattelschlepper auch an normalen Tesla-Ladestationen, den Superchargern, mit Strom versorgt werden kann. An fünf Superchargern zusammen lässt sich der E-Sattelschlepper laden. Sollte das Netz der Lkw-

Stationen also nicht schnell genug aufgebaut werden, müssen sich Tesla-Fahrer künftig womöglich über zugeparkte Ladestationen ärgern, die von den Trucks blockiert werden.

Ein anderes Phänomen könnte das sogenannte „Platooning“ werden, vom englischen Platoon für einen militärischen Zug, im Deutschen auch als „elektronische Deichsel“ bezeichnet. Man versteht darunter ein System, bei dem mehrere Fahrzeuge in sehr geringem Abstand hintereinander fahren können, indem sie digital sozusagen aneinander gekoppelt werden. Bereits von 2009 bis 2012 entwickelte das EU-Projekt SARTRE („Safe Road Trains for the Environment“) einen Prototyp bis zum Praxistest mit drei Fahrzeugen über etwa 200 Kilometer und sechs Meter Abstand in Spanien. 2017 testete Daimler als erster LKW-Hersteller die Technologie auf öffentlichen US-Highways.[26]

Die Hauptvorteile werden die Entlastung der Fahrer, eine geringere Fahrbahnabnutzung, ein niedrigerer Energieverbrauch durch das Fahren im Windschatten, verminderte Lohnkosten für die Speditionen, weniger Staus und eine höhere Verkehrssicherheit angestrebt. Bevor es dazu kommt, muss allerdings die Technik weiterentwickelt und in Deutschland die Straßenverkehrsordnung entsprechend angepasst werden.

Ob es durch Platooning wirklich zu weniger und nicht sogar zu mehr Staus kommen kann, ist allerdings umstritten. Nach dem Nagel-Schreckenberg-Modell, 1992 von den Festkörperphysikern Kai Nagel und Michael Schreckenberg formuliert, das aufzeigt, wie „Staus aus dem Nichts“ als Folge der Nicht-Einhaltung des Sicherheitsabstands entstehen, könnte ein Abbremsen des ersten Lastwagens in der Kolonne zu immensen Staus führen.[27]

Faule Autohersteller

Der Triumphzug des US-Emporkömmlings Tesla hängt entscheidend damit zusammen, dass sich die deutsche Automobilbranche über Jahrzehnte hinweg als wenig innovativ, geradezu träge, man könnte auch sagen als faul, erwiesen hat. Daimler, BMW, VW und Konsorten waren sich ihrer Markenstärke über Dekaden hinweg bewusst – und spielten sie nicht für, sondern gegen ihre Kunden aus.

Rechter Außenspiegel als die Innovation verkauft

Bedenken wir: Es ist die Branche, die über Jahrzehnte hinweg einen rechten Außenspiegel als *die* Innovation schlechthin angepriesen und gegen einen saftigen Aufpreis verkauft hat – bis sie vom Gesetzgeber gezwungen wurde, ihn serienmäßig zu montieren. Es ist dieselbe Branche, die die Lüftungsschlitze für Fahrer und Beifahrer alle paar Jahre von rund auf eckig geändert und ihren Kunden jeweils als Zeichen von Modernität verkauft hat. Es sind die Hersteller, die neue Generationen immer wieder dadurch markiert haben, dass die Scheinwerfer einmal einzeln zu sehen und einmal hinter einer Glasabdeckung versteckt waren.

Es sind die Anbieter, die noch immer für mehrere Tausend Euro eingebaute Navigationssysteme verkauft haben, als Apple,

Google und diverse Softwarehersteller schon längst Navigationsprogramme fürs Smartphone für unter 100 Euro oder gar kostenlos ausgeliefert haben. Statt mit Innovationen aufzufahren, hat die Branche der fremden Navisoftware den Zugang zum Headup-Display in der Windschutzscheibe verweigert; wer diesen Komfort nutzen wollte, musste zwangsläufig auf die völlig überteuerten Navigationsangebote der Autohersteller zurückgreifen. Und das sind nur einige wenige Beispiele für die Innovationsunfreudigkeit der Autohersteller und ihre Versuche, sich gegen externe Innovationen zu stemmen. Es ist keineswegs nur das Dieseldesaster, das den klassischen Autoherstellern anhaftet, die geringe Innovationskraft gehört ebenso dazu – beim Fahrzeug und bei der Infrastruktur. Wer wüßte auch nur eine Innovation an Tankstellen zu benennen, von denen der Kunde sprich der Autofahrer profitiert hätte.

Mangelnde Innovation, Missachtung der Kunden

Bezogen auf den Markteintritt der neuen Autobauer von Tesla bis Nio bedeutet dies: Die traditionellen Hersteller haben über Jahrzehnte hinweg durch mangelnde Innovationskraft und unter weitgehender Missachtung der Nutzererfahrung für einen strikt am Kundenerlebnis orientierten Innovationstreiber wie Tesla, Nio, Xpeng und mutmaßlich Apple ein riesiges Scheunentor offen gelassen, um im Automarkt erfolgreich zu sein.

Zu den größten „Innovationserfolgen" der Traditionalisten zählt wohl eher die Schummelsoftware bei der Motorsteuerung, um Dieselfahrzeuge auf dem Prüfstand sauber erscheinen zu lassen, während sie auf der Straße als Dreckschleudern umherfuhren. Statt ihre Ingenieurskunst, ihre Innovationskraft und ihre Forschungsbudgets einzusetzen, um ihren Kunden ein besseres Produkterlebnis zu bescheren, hatten sich VW und Konsorten zusammengetan, um Kunden und Behörden gleichermaßen zu betrügen. Systematisch, skrupellos und über Jahre hinweg. Die VW-Tochter Audi erdreistete sich sogar noch, für ihren Betrug mit den Worten „Clean Diesel" zu werben. Doch man mag einen einzelnen Kunden oder eine einzelne Behörde zeitweise erfolgreich belügen können, aber man kann nicht die ganze Welt auf Dauer betrügen, ohne dass es auffällt. Diese Binsenweisheit musste auch die Automobilhersteller erfahren: das Dieseldesaster ließ praktisch keinen der Hersteller verschont. Die Branche musste Milliarden an Schadensersatz bezahlen, Rückrufaktionen waren an der Tagesordnung. Reumütig gab sich die Branche indes eher nicht.

Selbst nach Aufdeckung der geradezu ungeheuerlichen Taten sträubten sich die Anbieter, die betrogenen Kunden zu entschädigen oder gar Lösungen anzubieten. Das Rechtssystem in den USA machte Schadensersatzzahlungen zwar unerlässlich, aber in Deutschland, wo die Rechtslage weniger eindeutig war, kämpften die Hersteller um jeden Einzelfall vor Gericht. Mit moralisch mehr als fadenscheinigen Ausreden – der Kunde hätte den Wagen beim Händler gekauft, also müsse der für eventuelle Schäden einstehen, nicht der Hersteller –, mogelten sich praktisch alle deutschen Autohersteller um die Verantwortung herum.

Ganz im Gegenteil wollte die Branche sogar noch ein Anschlussgeschäft aus ihren Betrügereien schlagen: Die Kunden sollten doch einfach ein neues Auto mit Verbrennungsmotor kaufen, das den neuen Abgasnormen genüge. Man muss schon sehr blauäugig sein, um der Branche nicht zu unterstellen, dass ihr zu diesem Zeitpunkt – in den Jahren 2015 bis 2020 – nicht längst klar war, dass der Verbrennungsmotor, ob Benzin oder Diesel, keine große Zukunft mehr vor sich haben würde. Sie hatte wohl eher eine mehrstufige Verkaufskette vor Augen: Der Kunde kauft den neueren Diesel oder Benziner, um sein Altauto, das zusehends mit Fahrverboten belegt wurde, zu ersetzen, fährt das wenige Jahre, und wechselt danach auf einen Wagen mit Batterieantrieb.[28]

Mit Trippelschritten zur Innovation gezwungen

Dabei ist zu bedenken: Die Weichen in Richtung E-Mobilität hat kein einziger der traditionellen Autohersteller freiwillig gestellt. Es war ein amerikanischer Neuling, Tesla, der binnen weniger Jahre aus dem Nichts heraus und lange Zeit ganz alleine E-Autos als die einzig wahre Zukunft des automobilen Fortschritts vorantrieb. Und es war der über Jahre hinweg wachsende politische und gesellschaftliche Wille zum Umweltschutz und zur Klimarettung, der die Pläne der Autohersteller, einfach so weiterzumachen wie zuvor – mit Trippelschritten der

Innovation, die jeder einzelne dem Kunden teuer verkauft werden –, zunichte machte. Um es an Personen festzumachen: Es waren der amerikanische Multi-Unternehmer Elon Musk und die jugendliche Klima-Aktivistin Greta Thunberg aus Schweden, die vor allem die deutsche Autoindustrie ins Wanken brachten.

Erst um 2020/21 herum machte sich in den Vorstandsetagen der deutschen Autohersteller der Gedanke breit, dass es ein „weiter so“ nicht geben wird. Bis zuletzt hatten die Hersteller auf ihre traditionell guten Beziehungen zur Politik gehofft, um die Autoindustrie vor allzu harten Abgasregulierungen zu bewahren und den Verbrennungsmotor noch lange, sehr lange, fortführen zu können. Der Erhalt von Arbeitsplätzen und der Schutz der Autofahrer, die einen Benziner oder Diesel besitzen, waren lange Zeit die Hauptargumente. Geschickt versuchten die Hersteller den „Schwarzen Peter“ in das bei vielen Europäern ohnehin ungeliebte Brüssel zu schieben: „Die EU zerstört die deutsche Autoindustrie, vernichtet hiesige Arbeitsplätze und schränkt die Freiheit der Bürger durch übermäßige Regulierungen ein“, so der Tenor. Zudem sei gar nicht bewiesen, dass die Abgase von Benzinern und Diesel wirklich so schädlich seien, wie gemeinhin unterstellt.

Doch der Draht zur Politik, von dem die Autobranche jahrzehntelang gelebt hatte, funktionierte nach dem Dieseldesaster seit 2015 nicht mehr so richtig. Das war im Grunde absehbar, denn schließlich hatten die Hersteller nicht nur ihre Kunden jahrelang systematisch hinters Licht geführt, sondern auch die Behörden und die Politik. Doch die Binsenweisheit „Wer einmal lügt, dem glaube man nicht“ war in den Vorstandsetagen der Autohersteller augenscheinlich noch nicht angekommen. Wer die geschönten Angaben bei den Reichweiten der E-Autos seit 2020 ins Visier nimmt, muss wohl hinzufügen: diese Binsenweisheit ist bis heute nicht in die Köpfe der Autovorstände eingedrungen.

Hektik in der Autoindustrie seit 2021

Erst 2021 schien vielen Autobossen überhaupt ernsthaft klar zu werden, dass der Versuch, die jahrzehntelange Erfolgsgeschichte des Verkaufs von Autos mit Verbrennungsmotor „einfach irgendwie“ fortzusetzen, kein gutes Ende nehmen würde. Hektisch beeilten sich viele Vorstände 2021 zu versichern, dass sie „eigentlich“ schon immer für den Umweltschutz und die Klimarettung waren und sie Elektromobilität ohnehin für die mehr oder minder einzige Zukunft des Automobils hielten. So rasch wie möglich wurden die althergebrachten Motoren gegen Elektromotoren und die Tanks gegen Batterien ausgetauscht. Das waren indes technisch eher halbherzige Lösungen und so entwickelten praktisch alle Hersteller so schnell wie möglich neue Plattformen für Batterieautos. 2021 hatten alle begriffen, dass es nur noch die Flucht nach vorne gibt, um künftig im Automarkt noch eine Rolle zu spielen. Und das hieß zu diesem Zeitpunkt: Austausch von Verbrennungs- gegen Elektromotor und Tank gegen Batteriepacks.

Doch das war viel zu kurz gedacht. Die über Jahrzehnte an Innovationsträgheit gewohnte Branche machte sich 2021 auf den Weg, den Anschluss an die Elektromobilität auf dem Niveau von Tesla zu finden. Ziel war es, zu Tesla aufzuholen, womöglich sogar an der einen oder anderen Stelle Tesla zu übertrumpfen. Tesla wurde zum Maß aller Dinge vor allem für die deutschen Autohersteller. Das war ein fataler Fehler, der sich in den nächsten Jahren noch bitter rächen wird – und zwar aus mehreren Gründen.

Erstens ist ein Elektroauto viel einfacher zu konstruieren als ein Wagen mit Benzin- oder Dieselmotor und daher sind völlig neue Konkurrenten auf dem Markt erschienen.

Der Wettbewerb für VW, BMW und Mercedes im E-Markt ist längst nicht nur Tesla, sondern eine ganze Phalanx innovativer, vor allem chinesischer Hersteller. Dabei ist die chinesische Industrie schon lange ihrer traditionellen Rolle als verlängerte Werkbank und Kopisten entwachsen. Viele der neuen Wettbewerber wie Nio oder Xpeng sind mit hochinnovativen Konzepten auf dem Markt unterwegs. Während in Deutschland und Europa noch über Ladesäulenstandards und einheitliche Bezahlsysteme beim Stromtanken diskutiert wurde, zeigte beispielsweise Nio ein Fahrzeug, dass selbstständig an die Ladestation heranfährt, wo ein Robotergreifarm die leere Batterie vollautomatisch aus dem Wagen entnimmt und durch eine neue, frisch geladene Batterie ersetzt. Dauer des Batteriewechsels: unter fünf Minuten.[29] Es war ungefähr dieselbe Zeit, in der sich die deutschen

Hersteller damit brüsteten, dass „schon bald“ das Laden ihrer Wagen nicht mehr 40, sondern nur noch 20 Minuten dauern würde – nicht zum vollständigen Aufladen, aber immerhin genug, um ein paar Hundert Kilometer weiterzukommen. Abermals zeigte sich, dass die traditionellen Hersteller beim Schummeln besser sind als bei Innovationen: Die Reichweitenwerte erwiesen sich durch die Bank weg als Makulatur. Ein E-Auto, das es laut Herstellerangaben auf über 500 Kilometer bringen sollte, schaffte in der Praxis eher 250 bis 300 Kilometer. Schließlich treten die Fahrer mal stärker aufs Gas, als es der Hersteller einkalkuliert hatte, schalten die Klimaanlage an, fahren durch eine bergige Gegend oder wollen sogar eine Sitzheizung benutzen. Statt diesen globalen Innovationswettbewerb als Chance zu begreifen und sich an die Spitze setzen zu wollen, hatten die Traditionalisten nur ein Ziel vor Augen: an Tesla heranzukommen – und sei es mit derselben methodischen Schummelei, die ihnen schon das Dieseldesaster eingebrockt hatte.

Zweitens haben die traditionellen Autohersteller wie VW, Mercedes oder BMW über lange Zeit hinweg nicht erkannt, dass sie niemals mehr an die neue Spitze gelangen können, wenn sie nicht die für die neue Autogeneration notwendigen Basistechnologien beherrschen.

Bei Verbrennungsmotoren und dem unausweichlich damit verbundenen Getriebe waren vor allem die deutschen Hersteller zweifelsohne Weltklasse. Motor- und Getriebetechnik waren die dazu gehörenden Basistechnologien. Doch mit dem Aufkommen der Elektromodelle waren diese beiden Technologiegattungen praktisch wertlos. Die Batterien, genau gesagt, die Batteriezellen, sind *die* neue Basistechnologie. Doch genau das haben die deutschen Autobosse lange Zeit nicht begriffen. Sie dachten, sie könnten die Batteriezellen am einfachsten und wohl auch am billigsten aus chinesischer Produktion beziehen. Ihre Aufgabe sahen sie darin, diese Batteriezellenblöcke möglichst elegant und sicher in ihre Wagen einzubauen und ein ansprechendes Interieur sowie eine schicke Karosserie darum herum zu schaffen. Ein fataler Irrtum: Der technische Fortschritt, die Innovation, verbirgt sich in der Batteriezelle. Wer sich bei dieser Basistechnologie nicht engagiert, kann bestenfalls so gut wie die Konkurrenz sein, aber niemals besser, niemals an der Spitze mitfahren und niemals der Branche seinen Stempel aufdrücken. Die beiden entscheidenden Fragen der Elektromobilität, nämlich wie weit ein Auto fahren kann, ohne geladen zu werden, und wie lange der Ladevorgang dauert, lassen sich nicht durch Schummeleien bei den Angaben beantworten, sondern nur durch grundlegende Fortschritte bei der Batteriezellentechnik. Und diese kamen auch im Jahr des E-Erwachens der traditionellen Autohersteller, 2021, nicht etwa von VW, BMW oder Mercedes, sondern aus den USA und aus China.

Drittens ist den althergebrachten Autoherstellern erst in der Coronakrise 2020/21 überhaupt bewusst geworden, dass ihr ganzes Geschäft ohne Computerchips zusammenbricht.

Natürlich wurden elektronische Schaltkreise schon lange zuvor in die Wagen eingebaut. Aber erst 2020/21 wurde das ganze Ausmaß der dadurch bedingten Abhängigkeit von asiatischen Chipherstellern überdeutlich. Bedingt durch Home Office, Home Schooling und ein generelles Stay-at-Home-Gebot rund um den Globus schafften sich Millionen und Abermillionen von Verbrauchern neue Tablets, Personal Computer und Fernsehschirme an, so dass die Nachfrage nach diesen Gerätekategorien zeitweise geradezu ins Unermessliche stieg. Doch in allen diesen elektronischen Geräten stecken ebenfalls Chips, allen voran Prozessoren und Speicherbausteine, so dass mitten in der Pandemie auf einmal die weltweite Chipproduktion nicht mehr ausreichte, um die Autohersteller in ausreichendem Maße zu beliefern. Erschwerend kam hinzu, dass in einem modernen iPad für etwas über 1.000 Euro Verkaufspreis deutlich mehr Computerleistung steckt als in einem über 100.000 Euro teuren Luxuswagen. Für die Chiphersteller ist es daher viel lukrativer, einen Premiumabnehmer wie Apple mit hochwertigen und damit auch hochpreisigen Elektronikbausteinen zu beliefern statt einen Autoschrauber mit minderwertigen Billigchips, zumal sich die Autohersteller jahrelang in der Arroganz sonnten, die Preise ihrer Zulieferer beinahe nach Belieben nach unten drücken zu können. Was sie dabei völlig übersehen hatten: Die Elektronikfertigung stellt ebenso wie die Batteriezellenproduktion im Auto der Zukunft eine Basistechnologie dar. Wer das eine oder das andere nicht beherrscht, wird niemals an der Spitze der Branche voranfahren. Wer beides nicht beherrscht, darf bestenfalls auf einen Platz in der Mitte des Marktes hoffen. Erst 2021 schien VW-Chef Herbert Diess die Erkenntnis ereilt zu haben, dass ein Auto ohne Computerchips so wertlos ist wie eine Kutsche ohne Pferde. Prompt plante er den Aufbau einer VW-eigenen Entwicklungsabteilung für Mikroprozessen und einer eigenen Chipfertigung.[30]

Holz und Chrom statt Software

Natürlich profitieren insbesondere die deutschen Autobauer noch einige Zeit davon, dass sie es besonders gut beherrschen, die Innenräume ihrer Wagen so angenehm wie ein Wohnzimmer zu gestalten. Bei amerikanischen und chinesischen Herstellern darf dieser Aspekt eher unter den Schwachstellen verbucht werden. Doch eine veraltete Technik lässt sich nur über einige Zeit hinweg unter Holz und Chrom im Innenraum verbergen; auf Dauer wird der technische Fortschritt übernehmen. Selbst die eleganteste Kutsche mit edlen Pferden konnte den Siegeszug des Automobils nicht aufhalten. Dieses Prinzip hat sich bis heute nicht verändert – nur befinden sich heute Mercedes, BMW und VW eher in der Position der Kutschenhersteller.

Viertens und am schwerwiegendsten ist die Inkompetenz der traditionellen Autohersteller in Sachen Software.

Wie einst Motorola den Mobilfunkmarkt an Nokia verlor, weil Motorola zwar gute Hardware herstellen konnte, aber die Software auf den Telefonen derart katastrophal war, dass es den

Kunden einfach nicht gelang, die Geräte zu bedienen. Und so wie Nokia den Markt an Apple abgeben musste, weil der iPhone-Konzern ein völlig neues Software-Paradigma einführte, das die Welt zum Staunen brachte. Die US-Digitalkonzerne wie Apple, aber sicherlich auch Google und Amazon, beherrschen die Softwareentwicklung so perfekt wie kein einziger Autohersteller. VW, BMW und Mercedes haben die „Intelligenzkomponenten" ihrer Fahrzeuge jahrzehntelang von Zulieferern entwickeln und fertigen lassen. Sie hatten größte Mühe, die verschiedenen Komponenten vom ABS bis zur Navigation überhaupt einigermaßen sinnig in ihre Wagen zu integrieren. Als die 7er-Reihe von BMW schon lange eine SIM-Karte verbaut hatte, um beispielsweise bei einem Unfall automatisch einen Notruf über das Mobilfunknetz auszulösen, war die im selben Fahrzeug eingebaute Uhr noch längst nicht in der Lage, automatisch zwischen Sommer- und Winterzeit umzustellen – obgleich die Mobilfunkbetreiber die genaue Uhrzeit über ihr Netz sekundenaktuell verbreiten. Jedes Smartphone war zu dieser Zeit schon längst in der Lage, ohne Zutun des Besitzers zwischen Sommer- und Winterzeit umzuschalten, aber die Oberklasse von BMW schaffte genau das nicht. Die dazu notwendigen Komponenten – SIM-Karte und Uhr – waren im Wagen verbaut, aber BMW schaffte es entweder nicht oder verstand gar nicht die Notwendigkeit, beides zu verbinden. Das ist nur ein einzelnes Beispiel, aber die vielen, sehr vielen Beispiele dieser Art über alle Hersteller und über viele Jahre hinweg kann man nicht mehr als kleine Schwächen oder kaum erwähnenswerte Zufälligkeiten bezeichnen, sondern sie stellen die Symptome einer innovationsträgen Branche dar, mit geringem Verständnis für Software und noch geringerem Verständnis für die Verbindung von Hardware, also dem Wagen, und der Software.

Anders Apple, der potenziell mächtigste Wettbewerber der Zukunft, der bei seinem Markteintritt der deutschen Automobilbranche den Todesstoß zu versetzen vermag, um es einmal drastisch auszudrücken: Kein Unternehmen beherrscht so gut das perfekte Zusammenspiel von Hardware und Software wie Apple. Die bis ins haarkleinste Detail aufeinander abgestimmte Funktionalität von Hardware und Software ist geradezu in der DNA des Unternehmens angelegt, geprägt von seinem kongenialen Gründer Steve Jobs und in der Ära seines über alle Maßen erfolgreichen Nachfolgers Tim Cook liebevoll gepflegt und weiter entwickelt. Apple pflegt eine detaillierte Produktverliebtheit, wie sie sich über Jahrzehnte hinweg und auch nicht seit Anfang der 2020er Jahre in keinem Automobil wiederfindet. Zwar weisen insbesondere Luxusmarken wie Rolls-Royce oder Oberklassewagen von BMW oder Mercedes immer wieder nette Details und hinreißende Spielereien auf, die auch von der Kundschaft gerne goutiert werden. Aber es waren und sind überwiegend Komfortmerkmale wie das in Form und Farbe auf den Kofferraum abgestimmte Kofferset oder der Champagnerkühler in der Mittelkonsole des Fonds, deutlich seltener technologische Fortschritte.

Natürlich ist das ein bisschen schwarz-weiß gezeichnet, und es gab immer wieder auch bemerkenswerte technische Innovation auf Seiten der traditionellen Autohersteller. Der Schalthebel am Lenkrad in jedem Mercedes – statt zwischen den Vordersitzen – steht ebenso beispielhaft dafür wie das Umfunktionieren der Handbremse in der Mittelkonsole zur Fußbremse an der linken Seite im Fußraum. Und natürlich stellen ABS, Airbag und die vielen anderen modernen Sicherheits-, Abstands-, Radar- und Assistenzsysteme jeweils für sich und in der Summe gewaltige Fortschritte dar. Manche dieser damals groß gefeierten Neuerungen klingen heute kurios, wie etwa der Scheibenwischer, der automatisch erkennt, wenn es anfängt zu regnen, und sich dann selbstständig „wie von Geisterhand" in Bewegung setzt. Oder der Mercedes, dessen Ausmaße derart gewaltig waren, dass beim Einschalten des Rückwärtsgangs Navigationsstäbe aus dem Heck des Wagens herauswuchsen, um dem Fahrer zu helfen, den Abstand zu einem Hindernis besser schätzen zu können. Das war übrigens ungefähr zur selben Zeit, als erste Hersteller begannen, ihre Fahrzeuge mit elektronischen Abstandswarnern beim Rückwärtsfahren auszustatten. Oder der BMW, bei dem man vor dem Einfahren in die enge Garage aussteigen und den Wagen dann auf Knopfdruck am Autoschlüssel selbstständig in die Garage hineinkriechen lassen konnte. Dies wiederum war ungefähr zu der Zeit, als Testwagen von Google und anderen Herstellern schon längst versuchsweise automatisch über die Straßen Kaliforniens brausten (allerdings mit einem Testfahrer am Steuer, der bei Problemen jederzeit eingreifen konnte). Dennoch: Wer einmal ein 20 Jahre altes Automobil fährt, merkt häufig erst, was sich seitdem alles getan hat.

Aber viele dieser Systeme wurden nicht etwa von den Automobilherstellern selbst entwickelt, sondern von einer überaus innovativen Zulieferindustrie. Die Firma Bosch ist ein leuchtendes Beispiel für die Innovationskraft der Zulieferer, die sich indes weit darüber hinausgehend auf viele oftmals deutsche Unternehmen verteilt. Zudem darf nicht vergessen werden, dass viele dieser Neuerungen erst auf Drängen des Gesetzgebers im großen Stil Einzug in die automobile Welt gefunden haben. Die ABS-Bremsen und der Airbag stehen exemplarisch für die „Innovationskraft" der Hersteller aufgrund gesetzlicher Vorgaben.

Mitten in der Krise 2021 wurde nicht nur die Abhängigkeit der traditionellen Autohersteller von den Chiplieferanten deutlich, sondern auch die mangelnde Softwarekompetenz. Von Tesla und der Klimadiskussion gehetzt, fühlten sich 2021 praktisch alle Anbieter genötigt, neue E-Plattformen vorzustellen. Doch sie beschränkten sich auf die Elektromobilität, also den Einbau von Batterien und Elektromotoren. Eine durchgängige Softwarearchitektur hatte 2021 keiner der traditionellen Hersteller zu bieten. Mehr oder minder nebulös stellten sie in Aussicht, dass man an einer neuen Betriebssoftware arbeite, die in den nächsten Jahren vorgestellt würde.

Das wäre in etwa so, als ob Apple ein neues iPhone auf den Markt bringt und dabei verkündet, die neue Software dazu würde demnächst nachgeliefert werden. Indes geht Apple den umgekehrten Weg: Mit schöner Regelmäßigkeit stellt der iKonzern seit Jahren im Frühsommer seine neue Softwaregeneration vor, der dann im Herbst desselben Jahres die Vorstellung der neuen iPhone-Generation folgt. Die Zwischenzeit von mehreren Monaten steht zur Verfügung, um Fehler in der Software auszumerzen und dient den Tausenden von Softwarehersteller im Apple-Kosmos dazu, ihre Programme an die jeweils neueste Betriebssoftware anzupassen. Dahinter steckt ein grundlegend anderes Verständnis über den Wert von Software für das fertige Produkt, gleichgültig, ob Smartphone oder Automobil. Apple wird diese Softwarekompetenz mit voller Wucht für seinen Markteintritt in die Automobilwelt nutzen und seine Wagen mit einem CarOS ausrüsten. Theoretisch, aber wohl nur theoretisch, könnten die klassischen Autohersteller die kurze Zeit bis zum Markteintritt von Apple noch nutzen, um ihre eigene Softwarekompetenz auf den Level von Apple und Co hochzuschrauben. Doch dazu bedarf es zum einen des Bewusstseins, wie groß diese Lücke ist, und des Ehrgeizes, sie schließen zu wollen. Zum anderen müssen die dafür notwendigen Programmierer her – und die sind knapp. Zumal VW und Konsorten nicht gerade begehrte Arbeitgeber für ambitionierte Softwareentwickler sind. Wer die Wahl zwischen Apple, Tesla und VW hat, entscheidet sich in der Regel für Apple oder Tesla – jedenfalls wenn er clever und ehrgeizig ist. Für VW und Konsorten bleiben dann die anderen, weniger cleveren und weniger ehrgeizigen, übrig. Wie stets gibt es natürlich Ausnahmen, die diese Regel bestätigen; auch bei VW und Co arbeiten gewitzte Softwareentwickler.

Die Verkehrswende

Über die sogenannte „Verkehrswende“ wurde in Deutschland über Jahrzehnte hinweg diskutiert. Denn schon seit mehr als 20 Jahren gilt: zu viele Staus, zu wenige Parkplätze, schlechte Luft und fehlende oder lebensgefährliche Radwege gehören zum Bild der meisten deutschen Großstädte. Man kommt kaum umhin festzustellen, dass die Mehrzahl aller städtebaulichen Maßnahmen seit Jahrzehnten das Auto in den Mittelpunkt stellen. Das wird sich künftig zweifelsohne ändern. Daher werden die meisten Maßnahmen der nahen Zukunft zu Lasten des Autos gehen, mithin bei der Mehrheit der Autofahrer unpopulär sein.

Reduzierung des Kfz-Verkehrs

Die Stichworte dazu heißen Reduzierung des Kfz-Verkehrs, verdichteter ÖPNV und Radschnellwege. Das Ziel ist eindeutig: Der motorisierte Individualverkehr soll möglichst aus den Großstädten herausgehalten werden. Was dabei häufig wenig berücksichtigt wird: In den Ballungszentren lässt sich mit dem Öffentlichen Personennahverkehr durchaus eine Alternative zum Auto schaffen – aber auf dem Land dürfte dies auf absehbare Zeit kaum möglich sein. Über Deutschland hinweg lässt sich feststellen (Stand 2019): 69 Prozent der Berufspendler gelangen mit dem Pkw oder Kraftrad zur Arbeit, 14 Prozent kommen mit Bussen und Bahnen, neun Prozent mit dem Fahrrad und acht Prozent zu Fuß. Wer eine „Verkehrswende" einleiten will, kommt also nicht umhin, die Mehrheit der 69 Prozent anzugreifen. Die Coronazeit 2020/21 hat zwar aus Angst vor Ansteckung die Fahrradnutzung befördert, aber den ÖPNV ebenso deutlich zurückgedrängt. Indes ist davon auszugehen, dass die Zahl der täglichen Berufspendler nach Corona deutlich sinken wird – weil sich das Home Office in der Pandemie bewährt hat.[31]

Die baden-württembergische Landeshauptstadt Stuttgart hat übrigens schon etwas anderes probiert: Die Grünen wollten Autofahrern den Zugang zur Innenstadt nur noch erlauben, wenn die für 365 Euro ein Jahresticket für Bus und Bahn kaufen. Die CDU im Landeskabinett verweigerte die Zustimmung. Der Verband deutscher Verkehrsunternehmen (VDV) hat andere Vorschläge: Ampelschaltungen zugunsten von Fußgängern, Radfahrern und Bussen zu ändern oder schlichtweg Parkplätze für Autos zu reduzieren und dafür mehr Radwege und Busspuren zu schaffen. Möglich wäre auch eine Straßenbenutzungsgebühr. Dank moderner Technologie lässt sich eine solche Gebühr sehr detailliert steuern: Wer etwa zu Stoßzeiten in einem SUV auf stark frequentierten Straßen unterwegs ist, müsste entsprechend viel zahlen.

Bußgelder als Abhilfe

Der damalige Bundesverkehrsminister Andreas Schauer hatte längst eine fahrradfreundliche Novelle der Straßenverkehrsordnung (StVO) vorgelegt. Die Novelle sah beispielsweise eine deutliche Anhebung der Bußgelder für das unerlaubte Parken auf Radwegen vor. Manches schien bedenkenswert: Tatsächlich wurde lange Zeit Falschparken als Ordnungswidrigkeit eingestuft, während Schwarzfahren im Bus als Straftat gewertet wurde.[32]

Verkehrswende durch Strom und Wasserstoff

Eine Studie der ADAC-Stiftung gemeinsam mit dem Fraunhofer-Institut für Systemtechnik (IOSB) aus dem Jahr 2019 empfahl den Ausbau der Infrastrukturen für Strom und Wasserstoff „rechtzeitig, parallel und koordiniert voranzutreiben". Ein gleichberechtigter Ausbau beider Technologien verspricht mehr Flexibilität, vermeidet Engpässe und spart zudem Kosten von bis zu sechs Milliarden Euro pro Jahr ein, schlussfolgerte die Studie. Die Begründung: Weil Wasserstofftankstellen im Gegensatz zu Stromladestationen keine Engpässe im Verteilnetz verursachen, könnte der Ausbau der Stromverteilnetze zeitlich nach hinten verschoben und verringert werden.[33] Die Studie ging dabei von 40 Millionen emissionsfreien Pkw auf deutschen Straßen im Jahr 2050 aus. Wasserstoff, entweder im direkten Einsatz oder über die Brennstoffzelle, stellt laut ADAC und Fraunhofer-Forschern vor allem in Segmenten, in denen lange Strecken zurückgelegt werden müssen, etwa bei Dienstwagen oder Berufspendlern, eine vernünftige Alternative zum Stromantrieb dar.[34]

Bundesregierung toleriert Kinderarbeit

Die deutsche Bundesregierung fördert Elektroautos, doch sie kann nicht ausschließen, dass es bei der Produktion zu Kinderarbeit und Zwangsarbeit kommt. So lautete die Antwort der Bundesregierung auf eine parlamentarische Anfrage im Sommer 2019. Etwa zehn bis 20 Prozent der Kobaltproduktion der Demokratischen Republik Kongo würden nicht industriell, sondern „artisanal" gefördert. Insbesondere dabei bestehe das Risiko der Kinderarbeit und der Zwangsarbeit. „Die Produktion gelangt zum größten Teil nach China, und es ist daher nicht auszuschließen, dass in den kobalthaltigen Produkten, die von China exportiert werden, auch artisanal gefördertes Kobalt aus der Demokratischen Republik Kongo enthalten ist", tolerierte die Bundesregierung letztlich die Kinderarbeit.[35]

Mit Ruhm bekleckert hat sich die Bundesregierung auch nicht gerade als Vorbild für E-Mobilität. Anfang 2021 umfasste die Wagenflotte der Bundesregierung, der Bundesministerien und der ihnen angeschlossenen Behörden insgesamt 24.716 Autos – doch nur 582 davon fuhren voll elektrisch. Das entsprach lediglich 2,4 Prozent aller Regierungsautos. Der uralte Spruch vom „Wasser predigen und Wein trinken" mag einem in den Sinn kommen.[36]

Europäische Batterie-Allianz für E-Europa

In der Erkenntnis, dass der Verbrennungsmotor nicht die Zukunft darstellt, gründete die EU 2017 die Europäische Batterie-Allianz (EBA). Die Zielsetzung war klar:

Für die Automobilindustrie des 21. Jahrhunderts werden Batterien denselben Stellenwert haben wie im vorigen Jahrhundert der Verbrennungsmotor. Wenn die EU ihre Führungsposition im Automobilsektor, aber auch im Bereich der sauberen Energiesysteme behaupten will, muss sie über unabhängige Kapazitäten für die Entwicklung und Herstellung von Batterien verfügen.

Doch die Allianz kam lange Zeit nur träge voran. Ein Jahr später war man über viele Treffen und noch mehr Absichtserklärungen kaum hinausgekommen. Umso großzügiger fiel das Eigenlob aus: Der zuständige Vizepräsident Maroš Šefčovič erklärte 2018: „Ich bin stolz auf die Zugkraft, die von der Europäischen Batterie-Allianz ausgeht. Zum ersten Jahrestag ihres Bestehens können wir zeigen, wie sich die verschiedenen Teile des Puzzles dank unserer Zusammenarbeit mit der Europäischen Investitionsbank, verschiedenen Regierungen und der Industrie ineinander fügen. Wir sind nun dabei, eine vollständige Wertschöpfungskette in Europa aufzubauen, bei der eine nachhaltige Batterieproduktion im Mittelpunkt steht. Und wir schreiten dabei mit Lichtgeschwindigkeit voran." Die für Binnenmarkt, Industrie, Unternehmertum und KMU zuständige Kommissarin Elżbieta Bieńkowska ergänzte: „Diese Allianz ist eine Priorität unserer Industriepolitik. Eine starke Batterieindustrie steht mit unserem Streben nach einer sauberen Mobilität voll im Einklang. Elektroautos sind das Standardbeispiel, aber wir denken auch darüber nach, wie die Batterie-Allianz für Lkw, den Seeverkehr und Fährschiffe von Nutzen sein könnte. Wenn Europa eine führende Rolle spielen und mit anderen Wirtschaftsmächten in der Welt konkurrieren will, müssen wir uns beeilen."[37] Insbesondere letzteres war wohl eine sehr wahre Erkenntnis, denn bis dahin hatten rund 260 Institutionen und Unternehmen lediglich eine generelle Bereitschaft erklärt, an der EBA mitzuwirken; es waren Absichtserklärungen, Workshops, Konferenzen, Partnerschaften, Rahmenabkommen, Aufforderungen zur Einreichung von Vorschlägen – also gute Worte und viel Papier.

Immerhin ist anzuerkennen, dass die EU schon lange vor der durch die Coronakrise ausgelösten Deglobalisierung alles darauf setzte, die Abhängigkeit Europas im Zukunftsmarkt der E-Mobilität zu verringern. Bereits 2018 stellte die Europäische Batterie-Allianz fest:

Ziel ist die Schaffung einer wettbewerbsfähigen, innovativen und nachhaltigen Wertschöpfungskette in Europa mit nachhaltigen Batteriezellen in ihrem Mittelpunkt. Um eine technologische Abhängigkeit von unseren Wettbewerbern zu verhindern und das Arbeitsplatz-, Wachstums- und Investitionspotenzial von Batterien voll zu nutzen, muss Europa im globalen Wettlauf schnell handeln. Laut Prognosen könnte sich der Wert des Batte-

riemarkts ab 2025 auf 250 Mrd. EUR pro Jahr belaufen. Um allein die Nachfrage in der EU zu decken, werden selbst bei konservativer Schätzung mindestens 20 „Giga-Fabriken" (Großanlagen für die Batteriezellfertigung) in Europa benötigt. Um so schnell wie möglich das erforderliche Investitionsvolumen in dieser Branche zu erreichen, müssen gemeinsame Anstrengungen unternommen werden.[38]

Letztlich war es wohl weniger das Drängen der Politik auf Elektromobilität als vielmehr der über Jahre hinweg schier unaufhaltsame Aufstieg Teslas mit rein batterieelektrischen Fahrzeugen und das Aufkommen neuer E-Wettbewerber aus China in Verbindung mit politisch motivierten immer schärferen Abgasnormen für Verbrenner, die die europäische Autoindustrie in den Jahren 2020 und 2021 auf E-Mobilität umschwenken ließ.

So kündigte die Deutsche Bundesregierung 2021 gemeinsam mit Frankreich grenzüberschreitende Förderprogramme an, um bis 2025 in der Lage zu sein, jährlich Batteriezellen für mindestens sieben Millionen Elektroautos in Europa zu produzieren. Insgesamt sollen dafür 13 Milliarden Euro bereitgestellt werden, allerdings nicht nur aus deutschen Kassen.[39]

Dreckiges E-Auto

E-Autos sind sauberer, nachhaltiger und umweltschonender, selbstfahrende Autos (Autonome) sicherer und bequemer. Das sind Hauptargumente für die neue Generation der Mobilität. Das gilt allerdings nur, wenn man den Blick auf den Einsatz der Fahrzeuge beschränkt und ihre Produktion außer acht lässt. Wird die Herstellung der Batterien und der immer aufwändigeren Elektronik ebenfalls in Betracht gezogen, ergibt sich ein deutlich anderes Bild. Für beides werden nämlich Rohstoffe herangezogen, die endlich sind, häufig unter umweltverachtenden Bedingungen abgebaut werden und die neue Abhängigkeiten schaffen.

Das Elend der Elektromobilität

Allein die Förderung der für die Batterien notwendigen Rohstoffe ist alles anderes als nachhaltig oder umweltschonend. Das Elend bei der Förderung von Lithium und Kobalt steht beispielhaft dafür, wie „dreckig“ die Elektromobilität in Wirklichkeit ist. Das gilt sowohl für die Demokratische Republik Kongo (DR Kongo), in der etwa zwei Drittel der Weltproduktion an Kobalt gewonnen wird, als auch für die neuen Fabriken in Chile und anderen südamerikanischen Ländern, die in ökologisch sensiblen Regionen wie Pilze aus Boden schießen. Für die

Batterien eines E-Autos werden zwischen 10 und 15 Kilogramm Kobalt benötigt.

Im Kongo sind es in erster Linie die großen Minen der internationalen Rohstoffkonzerne, in denen 80 Prozent des Kobalts abgebaut wird. Aber rund 20 Prozent entfällt auf illegale Kleinminen, dem sogenannten „artisanalen Bergbau". In Schächten, die so schmal sind, dass nur Kinder durchpassen, teilweise bis zu 45 Metern tief in der Erde, wird der Rohstoff gewonnen, die die E-Autos antreibt. Viele der Minen und vor allem der Handel mit Kobalt liegen zu weiten Teilen in den Händen chinesischer Firmen, die klägliche Arbeitsbedingungen vor Ort schaffen. Auf Frachtschiffen wird das abgebaute Kobalterz zur Weiterverarbeitung nach China verbracht. Schließlich hat sich China das erklärte Ziel gesetzt, bis 2049 – also Hundert Jahre nach der Ausrufung der Volksrepublik China – die technologische Führerschaft der Welt zu übernehmen, noch vor den derzeit führenden USA. Elektronik spielt dabei eine maßgebliche Rolle, und natürlich auch die E-Mobilität. So ist es verständlich, dass die chinesische Regierung bestrebt ist, sich die gesamte Lieferkette für Kobalt und übrigens auch alle anderen für die E-Produktion benötigten Rohstoffe zu sichern.[40]

In Chile wird das Lithium großflächig in Salzseen, sogenannten Salares, gewonnen. Das Absinken des Grundwasserspiegels, die Bedrohung ganzer Tierarten wie den Andenflamingos und die Zerstörung der Landwirtschaft der indigenen Gemeinschaften an den Ufern der Salzseen fallen der Elektromobilität zum Opfer.[41]

Die Schattenseiten der Elektromobilität werden in der politischen Diskussion in Deutschland wenig beleuchtet. Würde man es tun, käme heraus, dass der wahre Preis der Elektromobilität von anderen Menschen in anderen Ländern getragen wird. Denn es gibt über Kobalt und Lithium hinaus noch weitere Rohstoffe, die unter verheerenden Bedingungen abgebaut werden, weil sie für die moderne Industriegesellschaft von essenzieller Bedeutung sind. Dazu gehören beispielsweise Tantal (Australien, Brasilien, Kanada, Zentralafrika; Stahl, Smartphones, Stromspeicher) und seltene Erden (China, Mongolei, Grönland, Australien, Kanada, Brasilien, Malaysia; Stahl, Batterien, Elektromotoren, Energiesparlampen, Leuchtdioden, Brennstoffzellen und vieles mehr). Übrigens ist „seltene Erden" einer der irreführendsten Begriffe überhaupt: Es handelt sich dabei keineswegs um Erde, sondern um Weichmetalle. Sie sind auch nicht selten, sondern überall in der Erdkruste vorhanden. Allerdings gibt es nur wenige Lagerstätten auf der Welt, wo sie so konzentriert auftreten, dass sich der Abbau wirtschaftlich lohnt. Es gibt kein modernes Hightechprodukt ohne seltene Erden. Die Leichtmetalle Scandium und Yttrium, Lathanoder die 14 Elemente der Lathanoide (Lathanähnliche) Cer, Praseodym, Neodym, Promethium, Samarium, Europium, Gadolinium, Terbium, Dysprosium, Holmium, Erbium, Thulium, Ytterbium, Lutetium... irgendetwas aus der Gruppe der Seltenen Erden befindet sich in beinahe allem, was den modernen Menschen der westlichen Welt umgibt. Geopolitisch ist es also nachvollziehbar, dass sich China ein Quasi-Monopol auf seltene Erden gesichert hat. Das war insofern leicht, als das mit Abstand größten Vorkommen auf chinesischen Boden liegt. Dies zusammen mit menschenunwürdigen und umweltverachtenden Abbaubedingungen hat China genutzt, um ein Monopol für Seltene Erden aufzubauen. Heute stammt rund 90 Prozent aller weltweit in Industrieprodukten eingesetzten Seltenen Erden aus China. Wer über die Rettung und Schonung natürlicher Ressourcen sinniert, muss wissen, dass dort die giftigen Abfallprodukte bei der Herstellung der einzelnen Elemente nicht fachgerecht entsorgt werden und auch die Luft bei der Verhüttung dramatisch belastet wird. Für politische Entscheidungen muss man sich klarmachen, dass die Abkehr vom Verbrennungsmotor zwar unsere Abhängigkeit vom Öl verringert, aber im Gegenzug die Abhängigkeit von der Volksrepublik China – hier lässt es sich im Unterschied zum Öl tatsächlich auf einen einzelnen Staat reduzieren – dramatisch erhöht.

Seit 2021 setzte China die Seltenen Erden verstärkt als eine Waffe in der geopolitischen Auseinandersetzung mit den USA und im internationalen Handelskrieg ein. Elektroautos, Windräder, Kampfjets oder Smartphones – ohne die kritischen Rohstoffe funktioniert nichts davon. Es war wohl als Machtdemonstration zu interpretieren, dass China 2021 Exportkontrollen für 17 Metalle der Seltenen Erden einführte. Das kam einem Frontalangriff auf die USA gleich: In einem US-amerikanischen Kongressbericht wurde schon Jahre zuvor festgestellt, dass ein Kampfflugzeug vom F-35-Jäger von Lockheed Martin 417 Kilogramm Seltener Erden enthält, die weit überwiegend aus China geliefert werden. Chinas Führung kündigte an, US-Rüstungsfirmen wie Lockheed Martin, Boeing oder Raytheon wegen ihrer Waffenlieferungen an Taiwan auf eine schwarze Liste zu setzen – eine Retourkutsche für US-Sanktionen gegen chinesische Firmen, die beispielsweise mit Nordkorea oder Iran handeln. Seltene Erden könnten zwar theoretisch in vielen Ländern aus der Erdkruste geschürft werden, praktisch stammen sie aber zu zwei Dritteln aus China und werden dort zu mehr als 80 Prozent dort raffiniert. Chinesische Exportkontrollen haben also das Potential, direkte Auswirkungen auf die globale E-Autostrategie zu zeitigen.[42]

E-Batterien belasten die Umwelt

Die Elektrifizierung der Fahrzeugwelt mit Batterien sieht sich zwei schweren Vorwürfen ausgesetzt: Die Batterieproduktion belastet die Umwelt erheblich und sie verbraucht seltene Rohstoffe, die es bald schon nicht mehr geben wird. Beide Anschuldigungen sind nicht von der Hand zu weisen.

Die Autobatterien benötigen Spezialrohstoffe wie Kobalt, Lithium, Grafit, Nickel und Mangan. Die meisten dieser Rohstoffe werden nur in geringen Mengen abgebaut, häufig unter menschenunwürdigen Umständen in afrikanischen Minen. Zudem droht Lithium bei weiter steigendem Verbrauch schon im Jahr 2050 knapp zu werden.

Verheerende Öko- und Rohstoffbilanz

Die Ökobilanz der E-Wagen sieht nicht viel besser aus als ihre Rohstoffbilanz. So entstehen bei der Herstellung einer Kilowattstunde Speicherkapazität zwischen 150 und 200 Kilo Kohlenstoffdioxid. Damit sich die Umweltbilanz auch nur ausgleicht, müsste das E-Auto also mindestens acht Jahre in Betrieb sein. Nach dieser Zeit hat die Batterie allerdings längst erheblich an Kapazität eingebüßt, nämlich zwischen 20 und 30 Prozent; entsprechend geringer ist auch die Reichweite des Wagens.

Es stellt sich zudem die Frage, wohin mit der Batterie, wenn diese nach einigen Jahren nur noch 70 oder 80 Prozent ihrer ursprünglichen Kapazität aufweist. Die Industrie spricht von einem „Second Life“, bei dem die Altbatterien zu großem Stromspeicher zusammengeschaltet werden. So arbeitet BMW beispielsweise mit dem Zulieferer Bosch und dem Energieversorger Vattenfall zusammen, um derartige Altbatteriespeicher zu bauen. Die Nachfrage nach diesen Speicherblöcken dürfte steigen, weil sie ideal als Pufferspeicher für regenerative Energien geeignet sind. Beispiel Windkraft: Bei starkem Wind erzeugte Überkapazitäten werden in dem Batteriespeicher zwischengespeichert und bei Windstille zu einem späteren Zeitpunkt ins öffentliche Stromnetz eingespeist.

Es sei angemerkt, dass diese Betrachtungen durchweg von einem E-Auto mit Stromversorgung aus der Batterie ausgehen.

Deutlich besser stellt sich die Umweltbilanz dar, wenn der Elektromotor mit einer Brennstoffzelle angetrieben wird.

BMW-Chef Oliver Zipse stellte 2021 für seinen Konzern klar: „Wir haben die Ambition, die grünsten Fahrzeuge in unserer Industrie zu bauen – von den Rohstoffen über Lieferkette und Produktion bis hin zum Recycling.“ Die Batterieproduktion bei Zulieferern läuft laut Zipse komplett mit Ökostrom und die eigene Fertigung arbeitet CO2-neutral.[43]

Tatsächlich stellt die Batterieproduktion den Knackpunkt bei der Ökobilanz dar. Für CO2-Neutralität ist es zwingend notwendig, die Batteriezellen in Europa zu fertigen, und zwar mit Strom aus erneuerbaren Energiequellen.

Erfolgt die Produktion nämlich in China, entstammt der zur Batterieherstellung notwendige Strom überwiegend aus Kohlekraftwerken. Für ein Auto mit Dieselmotor fielen 8,4 Tonnen CO2-Emissionen an, für ein E-Auto mit Batterie aus China etwa 16,8 Tonnen, hat der Verein Deutscher Ingenieure (VDI) in einer Studie aus dem Jahr 2021 ausgerechnet.[44]

BMW mag diese Hürde überwunden haben, aber die Entscheidung von Daimler, Batterien aus China zu importieren, stellt unter diesem Aspekt – neben der Frage nach der Versorgungssicherheit der chinesischen Zulieferer – ein schwerwiegendes Problem dar.

E ist nur auf dem Papier sauber

Der ehemalige Präsident des Ifo-Instituts, Hans-Werner Sinn, ein bekannter und anerkannter Mann, auf den man hört, kam gemeinsam mit dem Kölner Physikprofessor Christoph Buchal in einer Studie zu dem Schluss, dass E-Autos die deutsche Klimabilanz nur auf dem Papier entlasten, tatsächlich aber eine eher dreckige Umweltbilanz vorzuweisen haben.

Die Gegendarstellungen ließen nicht lange auf sich warten. E-Autos leisten einen wichtigen Beitrag, um das Zwei-Grad-Ziel der internationalen Klimapolitik zu erreichen, argumentieren die E-Befürworter. Das Ziel sieht vor, die globale Erwärmung auf weniger als zwei Grad Celsius bis zum Jahr 2100 gegenüber dem Niveau zu Beginn der Industrialisierung zu begrenzen. Insbesondere VW stach unter den schärfsten Gegnern der Sinn-Studie hervor; kein Wunder, schließlich setzt der Konzern alles auf die E-Karte. So ließ VW ausrichten, dass der Golf TDI mit Dieselmotor über den gesamten Lebenszyklus hinweg auf eine Emission von durchschnittlich 140 Gramm CO2 je Kilometer kommt, während der E-Golf mit 119 Gramm deutlich darunter bleibt. Dabei ist der gesamte Lebenszyklus von der Gewinnung der für den Bau benötigten Rohstoffe über die Produktion, den Fahrbetrieb und die Verschrottung eingerechnet, versicherte VW. Zwar ist die CO2-Bilanz des E-Golf über die ersten 100.000 Kilometer hinweg schlechter, vor allem wegen der aufwändigen Gewinnung der Rohstoffe und der Batterieproduktion, musste VW einräumen. Aber ab 100.000 Kilometern Laufleistung verschiebt sich die CO2-Bilanz zugunsten der E-Variante, gab sich der Konzern sicher, auf dem richtigen Weg zu sein. Grundlage bildete der neue WLTP-Abgasprüf- und Verbrauchsstandard, alle Angaben seien von unabhängigen Gutachtern für richtig befunden worden. Dabei geht VW davon aus, dass der Strom in Zukunft immer sauberer wird, also zunehmend aus regenerativer Gewinnung kommt. Würde beispielsweise allein Windstrom verwendet, kommt VW auf lediglich 59 Gramm CO2 je Kilometer. Bis 2050 will VW die gesamte Produktion im Konzern auf CO2-Neutralität umgestellt haben. Die Vehemenz, mit der sich ausgerechnet der größte Dieselbetrüger als Vorreiter der Elektromobilität hervortun will, ist bemerkenswert.

E-Autos, als Energiespeicher

Das Saubermann-Image machte dabei nicht beim Verkauf der E-Autos halt, sondern umfasste darüber hinaus das Stromnetz insgesamt. Die Idee: Mit bidirektionalem Laden sollen Elektroautos, die ans Stromnetz angeschlossen sind, nicht nur laden, sondern ihren Strom auch zurück ins Netz einspeisen können. Das würde die Stromer zu Puffern für Wind- und Solarstrom machen. „Unsere Autos werden mehr Speicherkapazität haben als alle Stauseen zusammen", erklärte VW-Strategiechef Michael Jost 2021. Er rechnete vor: Bis 2027 werden sich die Speicherkapazitäten der bis dahin abgesetzten E-Autos auf rund ein Terawatt addieren. „Wenn wir die Autos als Stromspeicher einsetzen, sollte es möglich sein, pro Auto eine jährliche Vergütung von bis zu 500 Euro von den Energieversorgern zu bekommen“.

Der Clou: Diese Vergütungen will VW nicht etwa den Autobesitzern überlassen, sondern selbst davon profitieren. Nachgerechnet: Bei rund 20 Millionen Elektroautos im Jahr 2030, von denen nur zehn Prozent als Stromspeicher einsetzbar wären, käme dies bei 500 Euro Vergütung pro Auto Einnahmen von einer Milliarde Euro gleich. Ist der Wagen schrottreif, hätten die Batterien immer noch eine Speicherkapazität von etwa 70 Prozent und könnten damit noch als stationäre Stromspeicher in Industrie und Haushalten Verwendung finden. Werden sie schließlich endgültig dem Recycling zugeführt, haben sie nach Abzug der Kosten immer noch einen Rohstoffwert von mehreren Hundert Euro.[45] Es ist eine lange Batterieverwertungskette – und VW offenbar fest entschlossen, überall an dieser Kette mitzuverdienen.

2021 wurde indes eine von 171 Wissenschaftlern erarbeitete Studie öffentlich, die abermals zu dem Schluss kam, dass sich das E-Auto nicht annähernd so schonend auf die Umwelt auswirkt, wie es die Europäische Union darstellte. Die Experten warfen der EU „gravierende Rechenfehler“ in ihren CO2-Berechnungen. Demnach sollen die tatsächlichen CO2-Emissionen der E-Autos im Jahr 2030 für Deutschland mehr als doppelt so hoch sein als bislang gedacht. So verursacht demnach beispielsweise der ID.3 von VW bei einer Laufleistung von 224.000 Kilometern nicht 14 Tonnen Kohlendioxid, sondern mit 30 Tonnen mehr als doppelt so viel – und das ohne den Bau des Fahrzeugs, den Betrieb bei winterlichen Temperaturen und die Schnellladeverlusten einzukalkulieren.[46]

Batterie der Zukunft

Die Crux bei der Elektromobilität ist die geringe Speicherdichte der gängigen Lithium-Ionen-Batterien. Ihre Energiedichte liegt bei etwa 100 bis 150 Wattstunden pro Kilogramm (Wh/kg). Das ist beinahe Hundertmal weniger als bei Diesel und Benzin, die auf 11.000 bis 12.000 Wh/kg kommen. In Energiedichte umgerechnet hat beispielsweise ein Tesla Modell S P100 nur etwa 10 Liter Diesel „im Tank". Indes ist der Wirkungsgrad beim E-Auto vom Tank bzw. von der Batterie zur kinetischen Energie, die den Wagen antreibt, etwa dreimal höher als beim Verbrenner. So gerechnet führt der Tesla Model S quasi 30 Liter Sprit mit. Die damit verbundene Reichweite von rund 500 Kilometern ist beachtlich und wäre ausreichend, wenn nur der „Tankvorgang", also das Nachladen, nicht so lange dauern würde.

Weltweite Batterieforschung auf Hochtouren

Vor diesem Hintergrund ist die Batterieforschung weltweit im Gange. Die Suche nach neuen Batterietechnologien wird vor allem von zwei Parametern bestimmt: höherer Energiedichte und schnelleres Laden. Weit vorne im Rennen liegen Feststoffbatterien, die es auf eine Energiedichte von 460 Wh/kg bringen, also das dreifache im Vergleich zu den 150 Wh/kg bei den herkömmlichen Lithium-Ionen-Akkus. Im Prinzip wird bei Feststoffbatterien zwischen den Elektroden der Batterie kein flüssiges Elektrolyt, sondern eben ein fester Stoff verwendet. Dadurch können beispielweise Lithium-Polymer-Feststoffbatterien viel kompakter und energiedichter gebaut werden. Auch sonst bieten sie viele Vorteile: leichter, weniger temperaturempfindlich, langlebiger, nicht brennbar- also ideal für die nächste Batteriegeneration. Die technische Herausforderung besteht jedoch darin, einen ausreichend hohen elektrischen Strom zwischen den Feststoffen im Inneren der Batterie zu erzeugen. Zellchemie heißt diese Suche nach dem besten Material.

Wie verheißungsvoll neue Batterietechnologien sind, zeigte beispielhaft eine Vorstellung der Schweizer Innolith AG aus dem Jahr 2019: Das Unternehmen verkündete die Entwicklung der weltweit ersten wiederaufladbaren Batterie mit einer sagenhaften Energiedichte von 1.000 Wh/kg, also dem Dreifachen einer herkömmlichen Lithium-Ionen-Batterie. Damit würde eine einzelne Ladung locker für mehr als 1.000 Kilometer Reichweite sorgen. Der „Trick“: Innolith arbeitet mit anorganischem Zellmaterial zwischen den Elektroden. Doch der innovative Hersteller räumte ein, dass es bis zur Serienreife noch drei bis fünf Jahre dauern würde, ein großflächiger Einsatz ist also erst gegen 2025 zu erwarten – wenn überhaupt. Vor und nach Innolith gab es nämlich schon zahlreiche andere Firmen, die sich an der Superbatterie mit anorganischem Elektrolyt versucht hatten, beispielsweise Fortu und Alevo. Beide mussten (2014 und 2017) Konkurs anmelden. Tatsächlich hatte Innolith Patente aus der Alevo-Konkursmasse übernommen. Alevo war zwar an immensen Produktionskosten gescheitert, hatte jedoch immerhin Anfang 2017 eine so genannte GridBank („Netzspeicher“) geliefert. Es war ein 2-Gigawatt-Energiespeicher von der Größe eines Schiffscontaines, der auch Jahre später noch seinen Dienst versah. Doch die Miniaturisierung dieser Technologie, so dass sie in ein Auto passt, steht noch aus und wird möglicherweise in dieser Form niemals zum Abschluss kommen.

Wie weitgehend die Bemühungen zur Entwicklung einer neuen Batterietechnologie waren, zeigte eine US-Startupfirma 2021: Die „Nano Diamond Battery“ (NDB) sollte mit ungefährlichem radioaktivem Abfall betrieben werden. „Sie kann verwendet werden, um Felder wie Automobil, Unterhaltungselektronik, Sensoren, Raumfahrtmaschinen und andere Elektronik, die von einer chemischen Batterie gespeist wird, mit Strom zu versorgen. Kurz gesagt, NDB ist eine sichere, leistungsstarke, umweltfreundliche und vielseitige Lösung für den weltweit wachsenden Energiebedarf aus recycelten Atommüll“, teilte der Anbieter mit. Ein Smartphone sollte von einer NBA-Batterie rund neun Jahre lang ohne Nachladen betrieben werden können; ein Elektroauto müsste möglicherweise nur alle paar Monate oder gar Jahre nachgeladen werden.[47]

Konsortium zur Batterieforschung

Angesichts der strikten Ausrichtung auf Batterieautos war es nur konsequent, dass VW sich mit Partnern aus sieben anderen EU-Staaten zum Forschungskonsortium European Battery

Union (EBU) zusammenschloss, um seit 2020 umfassende Kompetenzen bei der Batteriezellenfertigung aufzubauen. Das Spektrum erstreckt sich vom Abbau der Rohstoffe, die Zelltechnologie und die Fertigung bis hin zum Recycling der Batterien hinweg. Das Konsortium, das neben VW auch vom schwedischen Batteriehersteller Northvolt geführt wird, hatte neben der Zukunft sicherlich auch die Finanzhilfen im Blick, die Deutschland zur Förderung der industriellen Fertigung von Batterien in Aussicht stellte. So stellte Volkswagen schon 2019 den Antrag auf Fördergelder für den Bau einer Batteriezellenfabrik in Deutschland. Doch VW war natürlich nicht der einzige, der den Technologiewechsel nutzen wollte, um sich am Steuergeld zu bedienen: Vor 2020 bemühten sich mehr als 30 Unternehmen um entsprechende E-Förderung, darunter neben Autoherstellern auch Zulieferer, Batterieproduzenten, Chemiefirmen, Rohstoff- und Recyclingunternehmen. Schließlich hatte die Bundesregierung bis zu einer Milliarde Euro für den Aufbau einer Batteriefertigung in Aussicht gestellt. Das Zurückhinken hinter Asien bei dieser Kerntechnologie einer Schlüsselbranche der deutschen Wirtschaft, der Autoindustrie, veranlasste die deutsche Industriepolitik zu einer beispiellosen Aufholjagd. So waren 2018 in China schon 1,255 Millionen E-Autos unterwegs, in den USA immerhin 361.000, in Norwegen 73.000 und in Deutschland lediglich 68.000. Vor allem das Wachstum bei Elektrofahrzeugen war in Deutschland in dieser Zeit bemerkenswert niedrig, 2018 waren hierzulande nur 26 Prozent mehr E-Autos unterwegs als im Jahr zuvor. Die Wachstumsraten anderer Länder für diesen Zeitraum 2017/18 zum Vergleich: China 62 Prozent, USA 86 Prozent, Niederlande 200 Prozent. Es war also verständlich, dass die deutsche Politik zu einer industriepolitischen Aufholjagd blies.

Ein weiteres Konsortium zum Aufbau einer europäischen Batterieproduktion wurde vom französischen Automobilhersteller PSA Group, dessen deutscher Tochter Opel und des Batterieherstellers Saft, der zum französischen Total-Konzern gehört, gebildet. Obgleich im Grunde völlig in französischer Hand, sollten durch die Einbeziehung von Opel augenscheinlich deutsche Fördergelder in Anspruch genommen werden. Hierzu könnte, so das Kalkül, das Opel-Komponentenwerk in Kaiserslautern für die Batteriezellenfertigung genutzt werden.

Immer neue E-Ansätze von New York bis Moskau

Immer wieder tauchen neue E-Konzepte auf, um die herkömmlichen Lithium-Ionen-Batterien zu verbessern oder zu ersetzen. Ein Beispiel lieferte ein Team um den Wissenschaftler Nikhil Koratkar vom Rensselaer Polytechic Institute in New York, das 2019 mit Vanadiumdisulfid eine Alternative zur Lithium-Ionen-Technik aufzeigt. Es handelt sich bei Vanadiumdisulfid um eine Metall-Schwefel-Verbindung, die leitfähig und leicht ist, also eine hohe Energiedichte ermöglicht. Zudem wäre das Gewicht der Batterie deutlich geringer, die mögliche Bauweise viel kompakter. Besonders bemerkenswert: Eine solche Batterie wäre binnen weniger Minuten voll aufgeladen und bringt auch nach Hunderten von Ladezyklen noch die gleiche Leistung. Hinzu kommt: Die verwendeten Materialien sind vergleichsweise günstig und einfach zu gewinnen.

Eine andere Technologie, die ganz ohne Metall auskommt, hat ein Team um den russischen Forscher Pavel Troshin vom Skolkovo-Institut in Moskau entwickelt. Ihre Batteriezelle arbeitet mit Polyphenylamin, einem organischen Material, das metallähnliche Eigenschaften aufweist. Das Aufladen war zumindest im Labor in weniger als einer Minute möglich. Weiterer Vorteil: Der organische Stoff ist umweltverträglicher und leichter recyclebar als Metalle.

Bislang existieren sowohl Vanadiumdisulfid als auch Polypenylamin ausschließlich im Labor. Es ist möglich, dass sie es bis zum Massenmarkt schaffen, aber keineswegs sicher. Sicher ist hingegen, dass sie beispielhaft dafür stehen, dass Wissenschaftler rund um den Globus fieberhaft nach neuen Batterietechnologien suchen, um die Schwächen der heutigen Batteriegeneration zu überwinden. Wem dies gelingt, dem ist nicht nur wissenschaftlicher Ruhm und Ehre sicher, sondern es winkt zudem auch ein Milliardenmarkt.

Besonders starke Hoffnungen lagen schon lange auf Akkus mit dem Material Graphen. Graphen brachte seinen beiden Entdeckern Andre Geim und Konstantin Novoselev nicht nur den Nobelpreis ein, es besitzt auch besondere elektronische Eigenschaften.[48] Das Versprechen für E-Autos: mehr Reichweite bei kürzerer Ladedauer. Das Problem: Mit einigen hundert Dollar pro Gramm ist Graphen ausgesprochen teuer. Dennoch gelang dem chinesischen Autobauer GAC 2021 ein Durchbruch: Ein neue „Superbatterie“ auf Graphenbasis ermöglichte über ein 600A-Hochleistungsladegerät binnen acht Minuten auf eine Kapazität von 80 Prozent geladen zu werden. Das Kostenproblem wollte GAC bereits 2020 mithilfe ihrer neuen 3DG-Produktionstechnologie gelöst haben; diese senkte die Produktionskosten auf ein Zehntel, ließ der Hersteller wissen. Einen der strengsten Sicherheitstest – dem Battery Shoot Test – hat die Batterie bereits bestanden. Mit der Ankündigung, die neuartige Batterie ab September 2021 im Elektrowagen Aion V in Serie verbauen zu wollen, legte GAC eine Premiere hin.[49]

Fraunhofer, die größte staatliche Ansammlung von Forschungseinrichtungen in Europa, legte 2021 einen interessanten Plan vor, wie Elektroautos als „rollende Energiespeicher“ nutzbar wären. Die Überlegung: Ein zunehmender Teil der Energieversorgung stammt aus erneuerbaren Quellen wie etwa Wind und Sonne. Diese verursachen indes verstärkt Schwankungen im Stromnetz, die ausgeglichen werden müssen. Die Autobatterien könnten dazu dienen, überschüssige Energie zwischenzuspeichern und bei Bedarf wieder abzugeben.[50] Dadurch könnten Elektroautos einen wesentlichen Beitrag zur Energiewende leisten.

Hilfe, mein E-Auto brennt

Seit 2013 sind mindestens zehn Fälle über E-Autos bekannt, die in Flammen aufgingen. Beim Aufladen, nach einer Kollision und gelegentlich „einfach so" brennt der Wagen binnen Sekunden lichterloh. Ein brennender Tesla Model S wurde weltberühmt, als er in einer Tiefgarage in Shanghai plötzlich anfing zu qualmen und das Feuer in Sekundenschnelle auf die benachbarten Wagen übersprang, weil sich das Video darüber millionenfach verbreitete. Tesla testierte dem Wagen eine Selbstverbrennung. Im Dezember 2017 brannte ein eGolf in einem Industriegebiet in Niedersachsen. Die Feuerwehr schaffte es, den Wagen in einen Container zu manövrieren, der dann geflutet wurde. Im März 2018 brannte ein Porsche Panamera E-Hybrid, der in Bangkok an eine Haushaltssteckdose angeschlossen waren. Im Herbst 2018 entzündeten sich gleich mehrere elektrisch angetriebene Lieferwagen vom Typ StreetScooter, die im Auftrag der Post unterwegs waren. Im Februar 2021 schlugen in Bamberg meterhohe Flammen aus einem E-Auto, das sich selbst entzündet hatte. Der Wagen wurde gelöscht, musste aber danach auf eine Freifläche gebracht und längere Zeit beobachtet werden, weil nicht ausgeschlossen werden konnte, dass es zu weiteren Selbstzündungen kommen würde.[51]

Alle diese Vorfälle warfen die Frage auf, ob E-Autos aufgrund ihrer Batterietechnologie grundsätzlich feueranfälliger sind als Verbrenner. Angesichts der relativ wenigen, aber hochgebauschten Fälle, gilt vermutlich, was Roland Goertz, Leiter des

Lehrstuhls für Chemische Sicherheit und Abwehrenden Brandschutz an der Universität Wuppertal 2019 so formulierte: „Bei Fahrzeugen mit Verbrennungsmotor haben wir uns daran gewöhnt, mit 70 Litern hochentzündlicher Flüssigkeit unterm Hintern über die Autobahn zu donnern, während unter der Motorhaube pausenlos kleine Explosionen ablaufen.“[52] Soll wohl heißen: Natürlich bergen neue Technologien neue Risiken, aber wir gewöhnen uns schlichtweg daran.

Allerdings musste der südkoreanische Autobauer Hyundai 2021 alle Batterien seiner gesamten E-Autoflotte im Heimatland austauschen – wegen Brandgefahr. 2020 waren bei den Fahrzeugen über ein Dutzend Fälle von Batteriebränden aufgetreten. Die brennenden Batterien stammten von LG Chem und kamen beispielsweise auch im Elektro-SUV Chevrolet Bolt EV von General Motors und dem Opel Ampera-e zum Einsatz. GM ließ ebenfalls gut 68.000 Wagen zurück zum Batterietausch.[53]

In Deutschland sprachen 2021 die ersten Parkhäuser ein Einfahrverbot für Autos mit Elektromotor aus wegen Brandgefahr. Es umfasste sowohl rein elektrische Wagen als auch Hybride. Weniger die Entzündungsgefahr als vielmehr die Schwierigkeiten beim Löschen von Batterien, die Feuer gefangen haben, waren für das Verbot ausschlaggebend. Entflammte Batterien entwickeln nämlich eine enorme Hitze, außerdem können giftige Dämpfe austreten. Teilweise können sich bereits gelöschte Batterien über Tage hinweg immer wieder neu entzünden. Zum Löschen werden gewaltiger Wassermengen benötigt – oder Spezialgeräte wie ein riesiger Wassercontainer, so groß wie ein Lkw, in dem die Feuerwehr das brennende Elektroauto komplett versenkt. Beides ist in einem engen Parkhaus denkbar ungünstig.

Die Dekra hielt deutlich dagegen: Zwar können die Batterien eines E-Autos etwa bei einer Kollision tatsächlich in Flammen aufgehen, Aber die Gefahr, dass sich der Brand auf das gesamte Fahrzeug ausbreitet, ist bei einem E-Auto geringer als bei einem Verbrennungsmotor. Denn der E-Wagen besitzt im Gegensatz zum Verbrenner keinen Treibstofftank, aus dem große Mengen brennbarer Flüssigkeiten austreten können. Allerdings muss die Feuerwehr tatsächlich aufrüsten, um für brennende E-Autos gewappnet zu sein.[54]

Immerhin beschloss der Bundestag 2021 ein neues Gebäude-Elektromobilitätsinfrastruktur-Gesetz (GEIG). Demnach müssen Wohngebäude mit mehr als fünf Stellplätzen mit einer Leitungsinfrastruktur für das Laden von Elektroautos ausgestattet werden. Das gilt auch für Tiefgaragenplätze.[55]

Das Geschäft mit den Ladestationen

Während allenthalben die wenig engmaschige Verbreitung von Ladestationen eine erhebliche Mitschuld an der schleppenden Nachfrage nach E-Autos in Deutschland zugemessen wurde, verkündete der Bundesverband der Energie- und Wasserwirtschaft (BDEW) Mitte 2019: „Für die aktuell beim Kraftfahrtbundesamt gemeldeten Pkw mit elektrischem Antrieb reicht das bundesweite Angebot öffentlicher Ladepunkte vollkommen aus.“ Das mag zwar zu diesem Zeitpunkt den Tatsachen entsprochen haben, wurde aber dem Momentum der Elektromobilität in den 2020er Jahren keineswegs gerecht. Der Ausbau der Infrastruktur für E-Autos stellt die Energiewirtschaft, die Automobilbranche und die Verbraucher vor eine Herausforderung, die vermutlich bis zum Jahr 2030 andauern wird.

Die Ölkonzerne sahen den Wechsel vom Verbrennungsmotor zum Elektroauto über lange Zeit hinweg verständlicherweise mit Sorge. Gleichzeitig bereiteten sie jedoch Umstiegskonzepte vor, wie der britisch-niederländische Ölkonzerne Shell beispielhaft bewies. So bot das Unternehmen zunächst an Tankstellen in Großbritannien und den Niederlanden Stromladestationen an; weitere Länder sollen folgen. Die Konzerne können den Stromfahrern zwar kein Benzin oder Diesel mehr verkaufen. Aber sie wollen attraktive Angebote entwickeln, die sie den E-Fahrern während der auf absehbare Zeit mindestens halbstündigen Ladezeit nahebringen wollen.

In den Anfangsjahren der E-Mobilität gab es an Schnellladesäulen häufig Pauschaltarife. Einmal volle Ladung für 7,95 Euro beispielsweise. Doch das Eichrecht machte den Pauschaltarifen einen Strich durch die Rechnung. Die Ladesäulenbetreiber waren gezwungen, genau nachzuweisen, wer wie viel Strom gezapft hat. Viele Betreiber nutzten dies, um die Preise kräftig zu erhöhen, auf 29, 39 oder gar 89 Cent pro Kilowattstunde. Das hatte zur Folge, dass Strom tanken teilweise teurer werden konnte als eine Ladung Benzin oder Diesel. Unabhängig vom Einzelfall war allein das Signal „Stromtanken wird teuer“ für die Akzeptanz von Elektromobilität verheerend. Aufhalten wird es den Trend zum E-Auto sicherlich nicht.

Bricht das Stromnetz unter den E-Autos zusammen?

Doch nicht nur die Kosten, sondern auch die Sicherheit der Stromversorgung angesichts einer wachsenden Flut von E-Autos wurde über Jahre hinweg kontrovers diskutiert. Es stand die Frage im Raum, ob ein Blackout, also ein völliger Stromausfall, zu befürchten ist, wenn zu viele E-Fahrer ihre Wagen gleichzeitig an die Steckdose hängen. Um eine Beispielrechnung zu geben: Wenn 30 Millionen Haushalte ihr E-Auto gleichzeitig mit 11 kW oder gar 22 kW laden würden, wäre das deutsche Stromnetz tatsächlich überlastet. Man mag die Wahrscheinlichkeit für dieses Szenario als gering abtun, aber der weltweite Ausbruch des Coronavirus galt schließlich auch als unwahrscheinlich, bevor eben diese Entwicklung 2020/21 die Welt mehr oder minder lahmlegte. Es scheint also durchaus angemessen, bei einer derart kritischen Infrastruktur wie der Stromversorgung auch unwahrscheinlichen Entwicklungen vorzubeugen.

Vor diesem Hintergrund war es zu verstehen, dass das Bundeswirtschaftsministerium 2021 einen Gesetzentwurf auf Arbeitsebene erstellen ließ, in dem von „Zwangsladepausen“ zu lesen war. Das Konzept: Um eine Überlastung der Netze zu vermeiden, könnten „steuerbare Verbrauchseinrichtungen“ – wie Ladestationen oder Wärmepumpen – zeitweise in ihrer Leistung gedrosselt werden. Laut Gesetzentwurf könnten diese sogar „bis zu zwei Stunden pro Tag“ ganz vom Netz genommen werden. „Spitzenglättung“ heißt dieses Vorgehen, das mit der generellen Entwicklung der Stromnetze hin zu „Smart Grids“ zusammenhängt. Im Prinzip geht es darum, die Netze mit „Intelligenz“ zu versehen, um Über- und Unterkapazitäten durch Speicherung und Steuerung so auszugleichen, dass letztlich eine möglichst gleichmäßige Versorgung und Nutzung gewährleistet ist. Es ist eine Herausforderung angesichts der Zunahme erneuerbarer Energien wie Sonne und Wind, bei denen die Versorgung naturgemäß weniger stabil als etwa bei einem Kohlekraftwerk ist, und der gleichzeitigen Zunahme von immer mehr elektrischen Abnehmern, allen voran E-Autos.[56]

Bei Photovoltaikanlagen im Eigenheim ist das Smart Grid schon lange im kleinen zu bewundern. So startet der Energiemanager die Waschmaschine oder den Geschirrspüler erst dann, wenn die Anlage mehr Strom erzeugt, als aktuell benötigt wird; auch die Ladeleistung der Wallbox wird dementsprechend geregelt. Das gleiche Prinzip auf die flächendeckenden Stromnetze anzuwenden, stellt indes eine technische Herausforderung dar. Denn man mag vielleicht ein paar Stunden länger warten, bis die Wäsche oder das Geschirr sauber sind. Aber wenn man morgens ins Auto steigt und die Batterien sind aufgrund einer „intelligenten Steuerung“ nicht geladen, so dass man nicht losfahren kann, stößt die Toleranz bei den meisten Menschen vermutlich an ihre Grenzen. Das Beispiel demonstriert nicht nur die Herausforderung, sondern auch die Lösung: Das „smarte Laden“ muss so erfolgen, dass der Autofahrer möglichst nichts davon bemerkt. Ob der Wagen nachts um sagen wir ein oder drei Uhr geladen wird, ist schließlich egal, solange er morgens abfahrbereit ist. Wer allerdings ausnahmsweise morgens um vier schon in den Urlaub fahren will, mag dennoch stromlos dastehen, weil dies die „Intelligenz im Netz“ nicht vorgesehen hat. Vielleicht hilft eine Koppelung mit dem Smartphone: Die dort eingetragenen Termine inklusive Fahrzielen könnten als Grundlage für die automatische Stromversorgung des Autos dienen. Das mag futuristisch klingen, aber es wäre nicht unrealistisch. Schließlich werden moderne Smartphones auch nicht ständig geladen, wenn sie am Kabel hängen, sondern durch ein „intelligentes Ladesystem“ optimiert, um einerseits den Akku zu schonen und andererseits sicherzustellen, dass sie möglichst vollständig geladen sind, wenn man sie braucht. Und für viele Menschen ist das Smartphone ähnlich wichtig – wenn nicht sogar noch wichtiger – als das Auto.

Kabelloses Laden auf dem Vormarsch

Wir kennen es längst vom Smartphone: Das Gerät wird induktiv geladen, sobald wir es auf eine entsprechende Ladestation legen – ohne Stecker, ohne Kabel. Eine ähnliche Technologie dürfte in ferner Zukunft beim Automobil Raum greifen.

In den USA sind bereits seit 2016 erste Ladestraßen für E-Busse in Betrieb, unter anderem in Kalifornien und in Washington. Die Ladepunkte sind mit induktiven Ladepads entlang der Busstrecken ausgestattet, die in die Straße oder den Bodenbelag integriert sind. Die entsprechend ausgerüsteten Fahrzeuge können auf diese Weise mit einer Leistung von bis zu 300 kW aufladen, ohne ihre Routen dafür verlassen zu müssen.[57]

In Österreich wurde 2021 eine ähnliche Ladetechnologie entwickelt, mit der Kabelverbindung überflüssig werden könnten. Stattdessen parkt das E-Auto, wie im Beispiel der E-Busse in den USA, über einer Ladeplatte und verbindet sich mit ihr. In zwei österreichischen Städten wurde die Technologie 2021 mit Taxis im Alltag getestet. Der Unterschied zum US-Ansatz: Mittels eines Connectors, der sich aus dem Unterboden des E-Autos absenkt und mit einem Ladepad verbindet, das in den Boden der Parkbucht eingelassen ist, kann das Fahrzeug drahtlos geladen werden. Dabei wird konduktives statt induktives Laden angewandt, es besteht also im Gegensatz zum induktiven Laden physischer Kontakt zwischen Ladestation und Fahrzeug.[58]

Bis zur weiten Verbreitung von Ladeparkbuchten oder Ladestraßen mag es noch länger dauern. Doch die Beispiele zeigen eindringlich, dass sich die Innovationen der E-Branche keineswegs auf die Fahrzeuge beschränken, sondern auch vor der Infrastruktur nicht Halt machen. Gleichgültig, ob man die Entwicklung zu E-Mobilität begrüßt oder für einen Irrweg hält: Der dadurch ausgelöste Innovationsschub für die Mobilität lässt sich kaum leugnen. Das wiegt umso mehr, als Innovation nicht gerade die Königsdisziplinen der herkömmlichen Autohersteller war.

Brennstoffzellen und Wasserstoff

Brennstoffzellen werden häufig als Alternative zur Elektrifizierung der Autos mit Batterien diskutiert. Dabei kann man manchmal den Eindruck gewinnen, die Brennstoffzelle sei so etwas wie eine bessere Batterie. Doch tatsächlich besteht zwischen beiden Technologien ein fundamentaler Unterschied: Batterien sind Energiespeicher, während es sich bei Brennstoffzellen um Energiewandler handelt. Eine Brennstoffzelle wandelt nämlich die chemische Energie eines Brennstoffs direkt in elektrische Energie (und Wärme) um. Dieser Vorgang wird als elektrochemische Reaktion bezeichnet. Dabei dient häufig Wasserstoff als Ausgangsstoff, der durch die Brennstoffzelle in Strom verwandelt wird.

Bosch setzt auf die Feststoffzelle

2019 traf Bosch eine mutige Entscheidung: Der Autozulieferer setzte strategisch auf Brennstoffzellen statt herkömmlicher Batterien, obgleich die Brennstoffzelle zu dieser Zeit von der Serienreife noch ein gutes Stück entfernt war. Doch Bosch will zusammen mit dem kleinen schwedischen Unternehmen Powercell Stacks die Entwicklung vorantreiben; als Ziel wurde die Industrialisierung der mobilen Brennstoffzelle ausgegeben. Schon 2020 brachte Bosch die ersten selbst gefertigten Stacks auf den Markt. Stacks stellen, wie an anderer Stelle in diesem

Buch erläutert, das Herzstück einer Brennstoffzelle dar, in dem Wasserstoff in elektrische Energie umgewandelt wird. Vor 2020 waren Brennstoffzellen nur in einigen Lastwagenmodellen und Bussen im Einsatz. Doch Bosch geht davon aus, dass bis 2030 bis zu 20 Prozent aller Elektrofahrzeuge weltweit mit Brennstoffzellen angetrieben werden.

Der Schritt war mutig, aber möglicherweise auch finanziell alternativlos. Um im Batteriegeschäft mit der wachsenden Konkurrenz aus Asien mithalten zu können, hätte Bosch eigenen Angaben zufolge rund 20 Milliarden Euro aufwenden müssen. Die Investitionskosten in Brennstoffzellensysteme dürften weit darunter liegen. So floss etwa an Powercell lediglich ein mittlerer zweistelliger Millionenbetrag für die Kooperation. Später wird allerdings eine Lizenzgebühr pro verkauftem Stack fällig. Der Ansatz, Millionen in eine neue zukunftsträchtige weil bessere Technologie statt Milliarden in eine möglicherweise bald überholte Technik zu investieren, könnte sich für die Zukunft von Bosch als richtungsweisend herausstellen.

2021 begann die US-Firma QuantumScape, Partner der Volkswagen AG, in Kalifornien mit der Errichtung einer Pilotfabrik für Festkörperbatterien. Die im kalifornischen San Jose beheimatete Technologieschmiede hatte im Dezember 2020 erste Erkenntnisse und Leistungsdaten zu seinen Prototypen-Zellen bekanntgegeben, die äußerst ermutigend waren. Die neue Vorfabrikation sollte rund 100.000 sogenannte technische Zellmuster pro Jahr herstellen, die für die Weiterentwicklung genutzt sollten. 2024, so die Planung, sollte die Hauptfabrik die Arbeit aufnehmen, um Festkörperbatterien in großen Maßstab herzustellen. Das Investment für die Vorfabrikation wurde auf unter 300 Millionen Dollar beziffert, das für die Hauptproduktion auf 1,6 Milliarden Dollar. Die Mittel dazu stellte teilweise VW bereit, der Großteil resultierte aus einem Börsengang.[59]

Daimler setzt auf Lkw-Wasserstoff

Auch Daimler setzte – nach der Abspaltung von Mercedes-Benz als Pkw-Hersteller 2021 – auf Wasserstoffantrieb für das Truckgeschäft. Denn unter Berücksichtigung der Zuladungen schienen ausreichende Reichweite allein mit Batterien nicht erzielbar. 2023 sollen die ersten Daimler-Trucks mit Brennstoffzelle unterwegs sein. Die Brennstoffzelle dürfte in der Logistik der Zukunft eine tragende Rolle spielen, denn die schweren Lkw sind das Rückgrat der Warenverteilung weltweit. Lkw tragen mit fünf Prozent zu den globalen CO_2-Emissionen bei; zum Vergleich: Die weltweite Stahlproduktion bringt es auf etwa sechs Prozent.

Der Brennstoffzellenmotor auf Wasserstoffbasis ist im übrigen ähnlich komplex in der Herstellung wie ein Verbrennungsmotor. Diese deutlich höhere Komplexität im Vergleich zum E-Antrieb mag auf den ersten Blick wie ein Nachteil aussehen. Tatsächlich ermöglicht sie jedoch Verbrenner-erfahrenen Firmen wie Bosch die Entwicklung und Fertigung von Brennstoffzellenmotoren erheblich, weil sie einen Großteil des Know-hows und der Fertigungstechnik mit vergleichsweise geringfügigen Anpassungen weiter verwenden können.

Die Nationale Wasserstoffstrategie

Rückenwind für die Brennstoffzelle gab es auch von der Politik – beispielsweise durch die Nationale Wasserstoffstrategie, die die CO2-Reduzierung nicht nur im Rahmen der Energiewende vorantreibt. Allerdings unterscheidet die Politik bei der Förderungswürdigkeit unterschiedliche Herstellungsverfahren für Wasserstoff anhand der CO2-Neutralität:[60]

- **Grüner Wasserstoff** wird mittels Elektrolyse von Wasser hergestellt, wobei für die Elektrolyse ausschließlich Strom aus erneuerbaren Energien zum Einsatz kommt. Unabhängig von der gewählten Elektrolysetechnologie erfolgt die Produktion von Wasserstoff CO2-frei, da der eingesetzte Strom zu 100 Prozent aus erneuerbaren Quellen stammt und damit CO_2-frei ist.

- **Grauer Wasserstoff** wird aus fossilen Brennstoffen gewonnen. In der Regel wird bei der Herstellung Erdgas unter Hitze in Wasserstoff und CO2 umgewandelt (Dampfreformierung). Das CO2 wird anschließend ungenutzt in die Atmosphäre abgegeben und verstärkt so den globalen Treibhauseffekt: Bei der Produktion einer Tonne Wasserstoff entstehen rund 10 Tonnen CO2.

- **Blauer Wasserstoff** ist grauer Wasserstoff, dessen CO2 bei der Entstehung jedoch abgeschieden und gespeichert wird (engl. Carbon Capture and Storage, CCS). Das bei der Wasserstoffproduktion erzeugte CO2 gelangt so nicht in die Atmosphäre und die Wasserstoffproduktion kann bilanziell als CO_2-neutral betrachtet werden.

- **Türkiser Wasserstoff** wird über die thermische Spaltung von Methan (Methanpyrolyse) hergestellt. Anstelle von CO2$_2$entsteht dabei fester Kohlenstoff. Voraussetzungen für die CO2-Neutralität des Verfahrens sind die Wärmeversorgung des Hochtemperaturreaktors aus erneuerbaren Energiequellen, sowie die dauerhafte Bindung des Kohlenstoffs.

Doch während der Streit zwischen der Elektro- und der Wasserstofffraktion tobt, soll auf den folgenden Seiten daran erinnert werden, dass alles mit dem Dieseldesaster begann.

Dicke Luft durch Diesel

„Der Diesel“ steht seit dem Jahr 2015 geradezu als Symbol für Betrug, Umweltverpestung und eine untergehende Ära. Sein Erfinder Rudolf Diesel trägt daran keine Mitschuld. Ganz im Gegenteil war der Dieselmotor seinerzeit besonders innovativ und galt über viele Jahre hinweg als Inbegriff des sauberen und umweltschonenden Fahrens.

Luftverschmutzung seit den 1950ern

Seit dem späten 19. Jahrhundert werden Verbrennungsmotoren in Automobilen eingesetzt. Doch das Problem der dadurch verursachten Luftverschmutzung rückte erstmals in den 1950er Jahren ins öffentliche Bewusstsein, zumindest in den USA, genauer gesagt in Kalifornien.[61] Dort wurden 1959 die ersten Standards für die Luftqualität festgelegt, auf deren Grundlage Emissionsgrenzwerte für Kraftfahrzeuge entwickelt wurden, die ab 1966 eingehalten werden sollten. 1968 trat in Kalifornien das erste Gesetz zur Begrenzung von Abgasemissionen in Kraft. Deutschland folgte 1971 mit der Festsetzung von Abgasgrenzwerten für Ottomotoren. 1973 kam der sogenannte Dreiwegekatalysator auf den Markt, der aber erst ab 1981 in Pkw eingebaut wurde.[62] Damals galten Dieselmotoren als besonders umweltfreundlich, weil im Abgas weniger Kohlenstoffdioxid, weniger Kohlenwasserstoffe, weniger Kohlenstoffmonoxid und weniger Stickoxide enthalten sind. Allerdings arbeiten Diesel nicht mit dem Prinzip des Dreiwegekatalysators zusammen und haben daher seit Beginn der 1990er Jahre einen sogenannten ungeregelten Oxidationskatalysator. Dieser wandelt Stickstoffmonoxid zu Stickstoffdioxid, reduziert die HC- und CO-Emissionen und senkt den Partikelausstoß.[63] Anfang des 21. Jahrhunderts geriet der Diesel wegen des Rußausstoßes in die Kritik, wogegen flächendeckend Rußpartikelfilter für die Dieselmotoren eingeführt wurden.

Doch es wurde über die Jahre hinweg zusehends schwieriger, die immer schärferen Umweltauflagen zu erfüllen. Zunächst wurde bei Dieseln versucht mit innermotorischen Maßnahmen wie einer niedrigeren Verbrennungstemperatur den Stickoxidausstoß zu senken und zugleich den dadurch verursachten erhöhten Rußpartikelausstoß durch einen besseren Rußpartikelfilter zu kompensieren. Als auch das nicht mehr genügte, kamen nachmotorische Verfahren wie Speicherkatalysator und die selektive katalytische Reduktion zum Einsatz.

Man kann es auch deutlicher formulieren: Die Hersteller versuchten über Jahre hinweg verzweifelt, die Abgasnormen zu erfüllen und taten sich damit immer und immer schwerer. Die Katastrophe – die Aufdeckung der Diskrepanz zwischen den gesetzlichen Erfordernissen und dem tatsächlichen Ausstoß der Fahrzeuge –, wie sie sich ab 2015 entwickelte, war also schon lange Jahre vorprogrammiert.[64] Das galt umso mehr, als insbesondere Pkw-Diesel bis 2015 auf die sogenannten Rollenprüfstandtestzyklen hin optimiert wurden.[65] Anders ausgedrückt: Die Hersteller haben ihre Motoren auf optimale Prüfungsergebnisse nach vorgefertigten Rechenmodellen ausgerichtet, während der tatsächliche Schadstoffausstoß weitaus höher lag. Prinzip: Im Test sauber abgeschnitten, beim normalen Fahrbetrieb unbekümmert dreckig. Die „Optimierung der Optimierung“ gelang den VW-Ingenieuren mit einer Software, die erkannte, ob sich der Motor im Testbetrieb befand und dementsprechend das Abgasreinigungssystem exakt auf die jeweiligen Anforderungen des Testzyklus einstellte. Technisch war diese automatische Zykluserkennung kongenial, jedoch rechtlich verboten, was den Auslöser des VW-Skandals darstellte – und das Ende der Ära von Verbrennungsmotoren einläutete. Seitdem wurde versucht, das Emissionsverhalten nicht mehr im Hinblick auf die Prüfzyklen zu optimieren, sondern im realen Fahrbetrieb zu verbessern. Als auch das an sein Ende stieß und gleichzeitig die gesetzlich vorgeschriebenen Testverfahren immer strenger wurden, blieb nur noch die Umstellung auf elektrisch betriebene Automobile, wie sie sich seit 2020 vehement vollzieht.

Diesel: Motor mit Selbstzündung

Der Dieselmotor ist ein Verbrennungsmotor mit Kompressionszündung. Der Name geht zurück auf den Erfinder Rudolf Diesel, dem es in den Jahren ab 1893 erstmals gelang, das Prinzip der Selbstzündung bei einem Motor anzuwenden.[66] Das bedeutet, dass sich der Kraftstoff bei der Einspritzung aufgrund der heißen Luft im Brennraum des Motors von selbst entzündet, also keine Zündkerze notwendig ist im Gegensatz zum Benzinmotor, der auch als Ottomotor bezeichnet wird. Diesel sind sogenannte Vielstoffmotoren, das heißt, sie können im Prinzip mit allen Kraftstoffen betrieben werden, die bei der Betriebstemperatur des Motors von der Kraftstoffpumpe gefördert werden können, sich gut im Brennraum zerstäuben lassen und sich zünden lassen. Nach dem Ersten Weltkrieg kamen tatsächlich überwiegend minderwertige Öle als Kraftstoffe zum Einsatz. Bis in die 1930er Jahre waren Petroleum, Schmieröl, Gasöl und Pflanzenöle in Reinform oder Mischungen daraus üblich.[67] Erst mit dem Voranschreiten der Motorentwicklung stiegen auch die Ansprüche an den Kraftstoff. So wurde erstmals nach dem Zweiten Weltkrieg in der DIN-Norm 5160 für Landkraftfahrzeuge überhaupt ein Dieselkraftstoff definiert. Erst seit 1993 ist der Dieselkraftstoff im Standard EN 590 genormt; er wird dort schlicht Diesel genannt.[68] Im Brennraum des Motors findet zwischen dem Kraftstoff und der angesaugten Luft eine chemische Reaktion statt, welche die im Kraftstoff gebundene Energie in Motorleistung umwandelt. Dabei zerfallen die Kraftstoffmoleküle, so dass Abgase entstehen. Bei einem Idealmotor, wie es ihn in Wirklichkeit allerdings nicht gibt, werden alle brennbaren Bestandteile des Kraftstoffs durch eine optimale Sauerstoffzufuhr vollständig verbrannt. In diesem Fall besteht das Abgas aus Kohlenstoffdioxid, Wasser, Stickstoff und überschüssigem Sauerstoff. Mit anderen Worten: Selbst bei einem idealen Dieselmotor kommt eine ganze Menge Abgas zustande, nämlich aus den schädlichen Bestandteilen CO_2 (Kohlenstoffdioxid, auch als Kohlendioxid bezeichnet) und NO_2 (Stickstoff) sowie den unschädlichen H_2O (Wasser) und O_2 (Sauerstoff). In der Realität wird zudem keine vollständige Verbrennung der Kraftstoffmenge erreicht, so dass zusätzlich ein Dieselruß übrig bleibt.[69] Darüber hinaus entstehen in einem realen Dieselmotor aus dem Stickstoff Stickoxide (NO_x).

Insgesamt kommen aus einem Dieselauspuff: Stickstoff (N_2), Sauerstoff (O_2), Kohlenstoffdioxid (CO_2), Wasser (H_2O), Kohlenstoffmonoxid (CO), Stickoxide (NO_x), Kohlenwasserstoffe (HC), Aldehyde und Rußpartikel (Sulfate und Feststoffe). Die Verteilung hängt vom Lastzustand und von der Luftfeuchtigkeit ab. Auf jeden Fall kommt ein „erheblicher Dreck" aus den Dieselfahrzeugen heraus, der zweifelsohne gesundheitsschädlich ist – wie und in welchem Maße ist allerdings strittig. Dennoch darf die grundsätzliche Beeinträchtigung der Gesundheit bei allen Diskussionen um das Für und Wider von Fahrverboten nicht übersehen werden. So wurden Ende der 1990er Jahren allein in Deutschland jährlich rund 72.000 Tonnen Dieselruß in die Luft geblasen, davon 64.000 Tonnen aus dem Verkehr und 42.000 Tonnen von Nutzfahrzeugen.[70]

Technik gegen „Todesdiesel"

Auf die Frage, wie gesundheitsschädlich diese Umweltbelastung für den Menschen ist, gab es unterschiedliche Antworten. Ernst zu nehmende aktuelle Studien gingen von jährlich rund

1.000 Todesfällen aus, die auf Dieselemissionen zurückzuführen sind. Dem gegenüber standen Studien aus den USA aus den 1980ern, die zeigten, dass das Risiko, durch die Abgase von Dieselmotoren tödlich zu erkranken, im Grunde vernachlässigbar war. Für Stadtbewohner, die also dem Dieselqualm besonders stark ausgesetzt sind, war es demnach etwa so groß wie die Gefahr, vom Blitz getroffen zu werden und daran zu sterben. Untersuchungen an Straßenarbeitern haben allerdings nachgewiesen, dass diese einem deutlich höheren Todesrisiko durch Diesel ausgesetzt sind. Fazit: Es besteht kein ernsthafter Zweifel, dass Dieselabgase gesundheitsschädlich sind, auch wenn es nicht sehr wahrscheinlich ist, unmittelbar daran zu sterben. Doch Krankheiten wie Asthma, Bronchitis und Lungenkrebs sind auch auf Dieselabgase zurückzuführen.[71]

Zur Abhilfe wurden seit 1990 bei Diesel-Pkw sogenannte ungeregelte Oxydationskatalysatoren eingebaut. Damit ließ sich der Ausstoß der Kohlenwasserstoffe um bis zu 85 Prozent, der Kohlenstoffmonoxide um bis zu 90 Prozent, der Stickoxide um bis zu 10 Prozent und der von Rußpartikeln um bis zu 35 Prozent reduzieren.[72]

Zur Festlegung von Höchstgrenzen beim Dieselabgas wurde in Europa der Ausstoß an Stickoxiden herangezogen. Die Abgasnormen (der Nomenklatur Euro 4, Euro 5, Euro 6 und Euro 7 folgend) legten folgende Höchstwerte fest: 250 Milligramm NOx pro Kilometer für Euro 4, 180 Milligramm NOx pro Kilometer für Euro 5 und 80 Milligramm NOx pro Kilometer für Euro 6.

Vereinfacht ausgedrückt war die Euro-6-Norm also dreimal sauberer als Euro 4 und mehr als doppelt so sauber wie Euro 5. Es stellt also einen gravierenden Unterschied dar, ob ein Wagen nach Euro 6, 5 oder 4 fährt – jedenfalls, wenn die Werte eingehalten würden. In Wahrheit stoßen Diesel-Pkw im tatsächlichen Fahrbetrieb in Deutschland in Durchschnitt 674 (Euro 4), 906 (Euro 5) und 507 (Euro 6) Milligramm NOx pro Kilometer aus. Man muss sich die Zahlen vergegenwärtigen: Ein Euro-6-Fahrzeug stößt in der Realität im Mittel doppelt so viele Stickoxide aus als nach der Euro-4-Norm überhaupt zugelassen sind. Das ist mehr als das Sechsfache, wenn man die Euro-6-Norm anlegt, an die sich der Wagen angeblich halten sollen. Seitdem sind Verschärfungen der Euro-6-Norm 6d und 6d-Temp bis hin zu 6d-ISC-FCM (seit 2021) hinzugekommen, die vor allem darauf abzielen, die *realen* Abgaswerte zu messen[73] – statt der utopischen Schummelwerte der Hersteller.

Mit 600 rasen, wo 100 erlaubt sind

Nehmen wir einmal einen anschaulichen Vergleich: Das Straßenschild zeigt 100 Kilometer pro Stunde Höchstgeschwindigkeit und Sie rasen mit über 600 Kilometern pro Stunde. Hand aufs Herz: 120 wenn nur 100 erlaubt sind fahren viele, 160 einige wenige. Aber 600 fährt niemand, wenn nur 100 erlaubt sind. Eine solche Überschreitung der gesetzlich festgelegten Grenzwerte erlauben sich lediglich die Autohersteller. Nur auf der „Teststrecke“, also während der Prüfung, drosseln sie brav auf 100 Kilometer pro Stunde, danach wird wieder auf 600 erhöht. Das ist schon gelinde gesagt dreist. Man mag darüber diskutieren, wie viele Menschen mehr bei 600 statt 100 sterben, aber wenn sie Ihren Wagen bei erlaubten 100 Kilometern pro Stunde mit 600 Kilometern pro Stunde über die Landstraße rasen lassen, kann man nicht gerade von verantwortungsbewusstem Handeln sprechen, selbst dann nicht, wenn dabei niemand zu Tode kommt. Sie handeln unverantwortlich – und genau das haben die Autohersteller getan.

CO2 vs. NO2 vs. Feinstaub

Was ist schlimmer für die Menschheit:[74]

- CO2, also Kohlenstoffdioxid, auch Kohlendioxid oder Kohlensäure genannt, ein unbrennbares, saures und farbloses Treibhausgas, das bei zunehmender Konzentration in der Atmosphäre zu einer Erwärmung des Erdklimas führt,

- NO2, also Stickstoffdioxid, ein rotbraunes, giftiges, stechend chlorähnlich riechendes Reizgas, das im menschlichen Körper chemische Reaktionen hervorruft, etwa in den Augen und den Atemwegen, oder

- Feinstaub, der sich auf unsere Lungen legt, weil die Partikel so klein sind, dass sie von den Schleimhäuten im Nasen- und Rachenraum nicht vollständig zurückgehalten werden können.

Im Laufe der Diskussionen verlagerten sich die Betrachtungsweisen auf die verschiedenen Schädigungspotenziale. Zunächst wurde vor allem der frühe Tod durch Stickoxide prophezeit und dem Diesel zugeschrieben. Später, als sich herausstellte, dass Fahrverbote nur geringe Wirkung zeigten, wurde die Gefahr durch Feinstaub in den Vordergrund geschoben. Doch Feinstaub entsteht keineswegs nur durch den Autoverkehr. Sowohl bei Stickoxiden als auch beim Feinstaub ging es vor allem um die Reinhaltung der Luft in den Innenstädten. Im Zuge der sich verstärkenden weltweiten Klimadiskussionen rückte die Reduzierung der CO2-Emissionen in den Mittelpunkt. Es ging nicht mehr nur darum, die Städte rein zu halten, sondern den ganzen Planeten oder jedenfalls die Menschheit zu retten.[75]

Freude an Selbstzerstörung statt Fahren

„Freude am Fahren" hieß über Jahrzehnte hinweg der Slogan von BMW. Doch die Treibjagd auf die eigene Spitzenindustrie seit dem Dieseldesaster ließ eher den Gedanken an Freude an Selbstzerstörung aufkommen. Selbstverständlich waren die Manipulationen der Hersteller zu rügen und natürlich wäre es unabdingbar, dass diese nicht nur die US-Käufer, sondern erst recht auch die Käufer in ihrem Heimatland Deutschland entschädigen. Das jahrelange Leugnen, Verweigern und Zaudern war unverzeihlich. Aber die dadurch angestoßenen Diskussionen haben im Laufe der Jahre jedes Maß verloren. Man könnte glatt den Eindruck gewinnen, Politik und Medien hätten sich zusammengerauft, Deutschlands Autobranche möglichst schwer zu beschädigen. Augenmaß und Vernunft oder gar Diskussionen um Kosten und Nutzen von Maßnahmen waren längst passee.

Spätestens mit der Klimadebatte, oder sollte man besser sagen mit dem Klimakrieg seit 2019 schien es nur noch um den Kampf gegen das Auto zu gehen – koste es, was es wolle. Die Tatsache, dass Deutschlands einstige Vorzeigebranche für acht Prozent der Wirtschaftsleistung steht und direkt 820.000 bzw. indirekt sogar 1,8 Millionen Arbeitsplätze unterhält, war in Vergessenheit geraten oder wurde als Argument nicht mehr akzeptiert. Das könnte auch damit zusammenhängen, dass für die jüngere Generation das eigene Auto längst nicht mehr dieselbe hohe Bedeutung wie für die Älteren hat. Für die jungen Leute ist das Smartphone das Maß aller Dinge, nicht das Auto. Es ist wohl kein Zufall, dass in der Klimadebatte niemand ein Smartphone-Verbot oder auch nur Nutzungseinschränkungen erwägt, obwohl jeder Klick und jeder Wisch auf jedem Touchscreen natürlich Klima-schädliche Rechenoperationen in irgendeinem Rechenzentrum auf der Welt auslöst. Apple, Amazon, Facebook, Google – das gesamte Internet ist aufgrund des für den Betrieb notwendigen Energieverbrauchs in den Rechenzentren zweifelsohne ein maßgeblicher CO2-Emittent. Weltweit sind immerhin mehr als drei Milliarden Smartphones in Betrieb. Für jedes einzelne davon wird eine CO2-Emission von etwa 47 Kilogramm berechnet, von der Produktion über den Vertrieb und die Nutzung bis hin zum Recycling. Der Weltmarktführer Apple produziert Berechnungen zufolge rund 40 Millionen (!) Tonnen CO2-Emissionen.[76]

Doch das Wort, das seit 2019 die Runde machte, hieß nicht „Smartphone-Bashing“, sondern „Flugscham“ – neben dem Auto wurde auch das Flugzeug als Klimakiller gebrandmarkt. Wer Auto fährt oder gar ein Flugzeug besteigt, sollte sich schämen, die Umwelt zu belasten und der nachfolgenden Generation die Lebensgrundlage zu entziehen – so der Tenor. „Internet-Scham“ war 2019 noch kein Thema. Die Corona-bedingte Reisepause 2020/21 hat Auto- und Flugscham zur Belanglosigkeit werden lassen. Dafür trat das Internet als Stay-at-Home-Mittel in den Vordergrund. Welche Folgen das für die Umwelt hatte – weniger reisen, dafür mehr surfen und streamen – blieb indes bislang im Unklaren.

Euro 6d-ISC-FCM – genaue Kontrolle

Seit 1. Januar 2021 müssen alle in der EU neu zugelassenen Pkw die Abgasnorm Euro 6d-ISC-FCM erfüllen. Sie geht über die bisher geltenden Normen Euro 6d-Temp und 6d deutlich hinaus

Die Grenzwerte sind für beide Abgasnormen – Euro 6d-Temp und 6d – auf dem Prüfstand gleich – bei den Stickoxiden NOx etwa gelten für Diesel 80 mg/km und für Benziner 60 mg/km. Doch weil es wegen Unwägbarkeiten auf der Straße wie etwa Stau oder Regen erheblich schwieriger ist, die Vorgaben einzuhalten, dürfen die Emissionen im realen Verkehr etwas höher ausfallen als auf dem Prüfstand. Wie hoch sie tatsächlich sein dürfen, ist durch einen Konformitäts- bzw. Übereinstimmungsfaktor festgelegt; dabei unterscheiden sich 6d-Temp und 6d. Dürfen 6d-Temp-Fahrzeuge den Prüfstandsgrenzwert noch um den Faktor 2,1 überschreiten, was einem Praxisgrenzwert von 168 mg/km bei Dieseln entspricht, wurde bei Euro 6d der Faktor 1,43 festgelegt und damit auf 114 mg/km gesenkt. Euro-6d-Fahrzeuge müssen also im Straßenverkehr sauberer als 6d-Temp-Modelle sein. [77]

Bei der seit Anfang 2021 geltenden Abgasnorm Euro 6d-ISC-FCM – das Kürzel ISC steht für „In-Service-Conformity-Tests" – müssen die Fahrzeughersteller anhand von Stichproben nachweisen, dass auch bereits im Betrieb befindliche Pkw die gesetzlichen Vorgaben einhalten. Der Zusatz FCM bedeutet „Fuel Consumption Monitoring System" und bedeutet, dass die Wagen den realen Kraftstoff-/Energieverbrauch über den gesamten Fahrbetrieb im Auto selbst speichern müssen. Über die Diagnose-Schnittstelle können diese Werte ausgelesen und bewertet werden [78] – etwa, um zu kontrollieren, ob die tatsächlichen Fahrzeug-Emissionen mit den Herstellerangaben übereinstimmen. Die Kontrolle wird also immer genauer.

Euro 7 – de facto ein Verbot des Verbrenners

Pandemie hin oder her, das Jahr 2025 rückt unaufhaltsam näher – und damit das mögliche Inkrafttreten der von der EU-Kommission geplanten Euro-7-Norm. Würde die nochmals verschärfte Abgasnorm tatsächlich Realität, käme das de facto einem Verbot von Verbrennungsmotoren gleich.

So sollen nach den Vorstellungen der EU-Kommission Autos künftig in allen Fahrsituationen noch strengere Grenzwerte einhalten – auch zum Beispiel beim Start bei minus 20 Grad, beim Anfahren am Berg, mit der ganzen Familie im Wagen plus Anhänger. Bislang sind zeitweise Spitzen zulässig, wenn die Grenzwerte im Durchschnitt eingehalten werden.

Neben strengeren Grenzwerten plant Brüssel auch ein sogenanntes Geofencing einzuführen. Doch das käme Verbotszonen gleich, in die künftig kein Auto mit Verbrennungsmotor mehr einfahren dürfte.[79]

Für die deutsche Autoindustrie käme Euro 7 in dieser oder ähnlicher Form einer Katastrophe gleich. BMW-Betriebsratschef Manfred Schoch fasste das Szenario 2021 mit den möglichen Folgen nach 2025 zusammen: „Wir werden eine Arbeitslosigkeit erleben, wie wir sie noch nie gehabt haben. Wenn die Politiker hier den Hebel umlegen, wird es zappenduster in Deutschland ... Ich warne die Politik, das Thema Klima eindimensional anzugehen und mit dem Wohlstand in Deutschland zu pokern ... Was ich in Brüssel erlebe, ist nur verbieten, verbieten, verbieten.“[80] Andere Autohersteller haben 2021 längst eingesehen, dass der Verbrennungsmotor nicht mehr zu retten war. Auch die Kundschaft ist zu diesem Zeitpunkt augenscheinlich schon weiter mit ihrer Planung: In der Diesel-Hochburg Europa wurden 2020 gerade noch 2,8 Millionen Selbstzünder verkauft. Zum Vergleich: 2016 waren es über 6,9 Millionen Diesel. Das war ein Rückgang von fast 60 Prozent. Egal, welche

Abgasnorm, den Käufern war längst klar, dass der Diesel am Ende seiner Tage angekommen ist.[81]

Mehr Feinstaub durch E-Autos

Doch die Rolle der E-Mobilität als Umweltretter wurde 2021 durch eine Studie der Organisation für wirtschaftliche Zusammenarbeit und Entwicklung (OECD) zumindest in Frage gestellt. Denn der Feinstaub kommt nicht nur aus dem Auspuff; Bremsbeläge nutzen sich ebenso ab wie Reifen und der Straßenbelag – und das gilt natürlich auch für E-Autos. Laut OECD-Studie wird die Belastung durch diese Nicht-Abgas-Feinstaubpartikel bis 2030 um über 50 Prozent zunehmen.

Die E-Wagen sollen daran eine maßgebliche Schuld tragen, denn von außen baugleiche Karosserien sind mit Elektroantrieb in der Regel schwerer durch die Batterien. Das sorgt für stärkeren Verschleiß, der dann in Form von Kleinstpartikeln in der Luft landet. Der Trend – ob elektrisch oder herkömmlich angetrieben – geht zudem seit Jahren in Richtung immer größere Wagen. Je größer und schwerer ein Auto ist, desto stärker belastet es die Umwelt – auch dann, wenn es mit E-Motor unterwegs ist.

Der allgemeine Trend zum SUV ist also – egal mit welcher Antriebsart – in jedem Fall umweltschädlich, hat die OECD-Studie aus 2021 ergeben.[82]

Horrorkatalog für Autofahrer

Das Umweltbundesamt skizzierte gegen Ende 2021, wie man sich den amtlichen Weg zu mehr Klima- und Umweltschutz im Verkehrsbereich in den nächsten Jahren vorstellt. Der Forderungskatalog war geeignet, Autofahrern endgültig die Freude am Fahren zu verderben: deutlich höhere Spritpreise, Abschaffung der Pendlerpauschale, Tempolimit 120 auf Autobahnen und Pkw-Maut. Der CO2-Preis sollte zudem von 2022 an im Vergleich zu vorherigen Planungen mindestens verdoppelt werden, forderte das Amt. Immerhin: Der massive Ausbau von Bussen und Bahnen stand ebenfalls auf der Zukunftsagenda des Bundesumweltamtes.[83]

Den Diesel verdammen, das E-Auto fördern, war offenbar eine Leitmaxime in der 2021 vorgestellten Planung. Demnach soll es für Neuwagen künftig noch strengere, europäische CO_2-Flottenzielwerte geben, um die Markteinführung von Elektroautos zu beschleunigen. Alternativ schlägt das Amt eine nationale E-Quote vor. Der Kauf neuer CO2-armer und damit klimaschonender Pkw sollte zudem durch einen Bonus gefördert werden – und der solcher mit hohem CO2-Ausstoß durch einen Malus verteuert. Die Weichen müssen jetzt, weit vor 2030 gestellt werden, damit Deutschland bis 2045 klimaneutral werden kann, stellte das Bundesumweltamt kurz vor Beginn des Jahres 2022 fest.[84]

Für das Gros der Autofahrer war es ein Horrorplan – für die Automobilindustrie wohl ebenfalls. Indes ging die deutsche Planung einher mit den hehren Zielen der Vereinten Nationen beim Klimaschutz. Es war sicherlich kein Zufall, dass sich das deutsche Umweltbundesamt zeitgleich mit dem Beginn der UNO-Klimakonferenz 2021 im schottischen Glasgow zu Wort meldete. Das Amt wollte wohl klarstellen, dass es „ebenso korrekt“ wie die UNO auf der „guten Seite“ steht, also das Klima retten will, koste es, was es wolle – vor allem auf Kosten anderer, sprich der Autofahrer und der Arbeitsplätze in der Automobilindustrie.

Die UNO fährt mit

Wer verstehen will, warum der einstmals vermeintlich saubere Diesel binnen weniger Jahr geradezu zum Inbegriff des Umweltverpesters und Klimakillers wurde, während die E-Mobilität zu einer Art Heilsbringer aufstieg, muss das politische Klima in dieser Zeit berücksichtigen. Der Umschwung von D (Diesel) nach E (Elektro) hing nicht nur mit neuen Technologien, innovativen Antriebsarten, tatkräftigem Unternehmertum oder einer verschlafenen Autobranche zusammen, sondern wesentlich auch mit einer gesellschaftlichen und damit auch politischen Diskussion über den Zustand und die Zukunft unserer Erde als Lebensgrundlage für die Menschheit.

Es waren die hehren Umwelt- und Klimaschutzziele der Vereinten Nationen (UNO), getrieben von Graswurzelbewegungen wie „Fridays for Future“, die letztendlich dem Diesel den Garaus machten und E-Mobilität als einzigen Ausweg offen ließen. Daher wäre ein Buch über das Thema Auto unvollständig, wenn es nicht auch eine Analyse der politischen und gesellschaftlichen Grundlagen für den Wandel in der Automobilindustrie umfasste.

Die überlastete Erde

Der sogenannte Erdüberlastungstag, also das Datum im Jahr, an dem die Weltbevölkerung den Planeten über das jährlich erneuerbare Maß hinaus plündert, verschiebt sich immer weiter nach vorne. 2018 war es der 1. August, seit 2019 rückte er in den Juli hinein. Die Ausnahme 2020 – in diesem Jahr war es der 22. August 2020 – war auf die Coronakrise und die dadurch stark verminderten wirtschaftliche Tätigkeit rund um den Globus zurückzuführen.[85]

Das Datum basiert auf Berechnungen des Global Footprint Network.[86] Verantwortlich dafür, dass die natürlichen Ressourcen der Erde immer schneller schwinden, ist der Lebensstil der Industrienationen, allen voran die USA, aber natürlich auch Europa. Die Umweltorganisation Germanwatch hat ausgerechnet: Würden alle Erdenbewohner soweit über ihre Verhältnisse leben wie die Deutschen, wären bereits im Mai eines Jahres die nachhaltig verfügbaren Ressourcen verbraucht und die ökologisch verkraftbaren Emissionen ausgestoßen. Hierzulande tragen vor allem die Energieversorgung und der Verkehr durch ihren hohen CO2-Ausstoß Schuld an der schlechten Umweltbilanz tragen. Sowohl beim Klimaschutz als auch bei der Ressourcennutzung agierten die Industrienationen jahrelang, als ob es kein Morgen gäbe. Angesichts dieser Entwicklung war es wohl zu verstehen, dass die junge Generation mit den „Fridays for Future“-Demonstrationen für ihr „Recht auf eine Zukunft“ kämpfte.

Greta Thunberg startet globale Klimabewegung

Die Dieselverbote in Deutschland fielen sicherlich nicht zufällig in eine Zeit, in der die schwedische Klimaschutzaktivistin Greta Tintin Eleonora Ernman Thunberg mit „Skolstrejk för klimatet" weltweit für Furore sorgte. Sie wollte mit Schulstreiks erreichen, dass Schweden das Klimaschutzübereinkommen von Paris einhält. Doch binnen kurzer Zeit weitete sich die Aktion unter dem Namen „Fridays for Future" zu einer weltweiten Klimatschutzbewegung aus. Die 2003 geborene Jugendliche sprach vor der UNO und der EU, wurde vom Papst empfangen und vom amerikanischen Magazin *Time* in die Liste der 25 einflussreichsten Teenager des Jahres 2018 und die Liste der 100 einflussreichsten Persönlichkeiten des Jahres 2019 aufgenommen.[87]

Thunbergs Position war klar: Die Politik unternimmt viel zu wenig für den Klimaschutz und handelt damit unverantwortlich gegenüber der nachfolgenden Generation. Diese ist daher aufgefordert, durch zivilen Ungehorsam einen Systemwechsel zu erzwingen, der die Biosphäre rettet. Die konkrete Forderung der Schülerin, die im Schuljahr 2020/21 in die elfte Klasse ging: Die wohlhabenden Länder sollen ihre Treibhausemmissionen um 15 Prozent pro Jahr senken und innerhalb von sechs bis zwölf Jahren auf null reduzieren. Gegenüber dem US-Magazin *The New Yorker* sagt Greta Thunberg, bei der das Asperger-Syndrom, eine Variante des Autismus, diagnostiziert wurde: „Ich sehe die Welt etwas anders, aus einer anderen Perspektive. Ich habe ein besonderes Interesse. Es ist sehr üblich, dass Menschen im Autismus-Spektrum ein besonderes Interesse haben."[88]

Globale Klimakoalition

Auf der Frühjahrstagung 2019 von Internationalem Währungsfonds (IWF) und Weltbank beschlossen die Finanzminister von 22 Ländern, darunter Deutschland, eine „Klimakoalition".[89] Das Ziel: Der CO2-Ausstoß soll die Länder teuer zu stehen kommen. Dazu sollten vor allem die Subventionen für die Nutzung fossiler Brennstoffe gekürzt werden. 2015 waren immerhin weltweit rund 5,2 Billionen Dollar in derartige Subventionen geflossen. Davon könnte man „viele Straßen und Schulen bauen", zog IWF-Chefin Christine Lagard einen Vergleich, um zeitgleich klarzumachen, dass die gekürzten Förderungen fossiler Brennstoffe keineswegs zulasten der Arbeitnehmer gehen dürften. Neben Kürzungen bei den Subventionen einigten sich die 22 Finanzminister auch auf höhere Umweltabgaben der einzelnen Länder und wirksamere Emissionshandelssysteme. Zudem sollte der Klimaschutz stärker bei öffentlichen Investitionen und in den Haushalten der Staaten berücksichtigt werden. Zudem sah die „Klimakoalition" eine stärke Förderung von privatwirtschaftlichen Investitionen in Erneuerbare Energien vor. Das Spektrum der unterzeichnenden Staaten reichte von Deutschland und weiteren Europäern über Chile bis hin zu den Philippinnen – die USA allerdings hielten sich fern. In Deutschland war zu erwarten, dass die Ergebnisse im Klimakabinett diskutiert werden und in ein neues Klimagesetz Eingang finden.[90]

Die UNO macht Druck

Klimaschutz besitzt eine hohe Bedeutung gerade auch bei weiten Teilen der deutschen Bevölkerung. Seitdem der Club of Rome 1972 erstmals die Studie „Die Grenzen des Wachstums“ veröffentlichte, hat sich die grüne Bewegung in Deutschland breit gemacht. Der Schutz der Umwelt wird hierzulande aktueller als je zuvor wahrgenommen wird. Vor allem die Erderwärmung macht den Menschen Sorgen.

Dazu trug ein Bericht der Weltwetterorganisation (WMO) der Vereinten Nationen Ende 2018 bei, der an Eindeutigkeit nicht zu überbieten war:[91] Wird der Ausstoß an Treibhausgas (CO2) nicht schnellstens reduziert, wird die Aufwärmung der Erde unumkehrbare Folgen für die Menschheit haben. Die Konzentration von Kohlendioxid in der Atmosphäre war so hoch wie nie zuvor. So ermittelten die Klimaforscher 2017 einen CO2-Gehalt von 405,5 ppm (Teilchen pro Million Teilchen) gegenüber 403,3 ppm im Jahr zuvor. Seit 1990 ist der Strahlungsantrieb durch langlebige Treibhausgase um 41 Prozent gestiegen, stellte die WMO fest. Dieser sogenannte Strahlungsantrieb umfasst die Energiebilanz der Erde, also alles, was die Erdkugel erwärmt oder abkühlt. Dabei steht Kohlendioxid (CO2) mit 68 Prozent an erster Stelle, gefolgt von Methan (CH4) mit 17 Prozent. Beide Treibhausgase tragen zu 85 Prozent zur scheinbar unaufhaltsamen Erderwärmung bei, wobei Methan in Bezug auf die Erwärmung 20 bis 30 Mal schädlicher als CO2 ist. Durch die erhöhte Konzentration in der Atmosphäre nimmt die Gashülle um den Globus ständig zu, so dass immer mehr Sonnenstrahlen zur Erde zurückgestrahlt werden und sich die Erdoberfläche dadurch erwärmt („Treibhauseffekt").

Verursacher sind natürlich nicht etwa nur Autos, sondern beispielsweise auch Kraftwerke, Fabriken und die in der Dieselargumentation so häufig herangezogenen Kreuzfahrtschiffe, die mit riesigen Schwerölaggregaten zu den wohl dreckigsten Verkehrsmitteln zählen. Letztlich entsteht CO2 überall dort, wo Kohle, Öl und Gas verbrannt werden, aber etwa auch bei der Zementproduktion und bei anderen Industrieprozessen. Hauptverursacher des Methanausstoßes auf der Welt sind die Rinderhaltung und der Reisanbau. An dem Argument, jede Kuh sei für das Klima schädlicher als ein Diesel, ist zumindest etwas dran: Kühe produzieren nämlich bei der Verdauung haufenweise Methan.[92]

Eine Kuh frisst am Tag rund 50 Kilogramm Grün- und Kraftfutter. Sie schluckt das Gras oder Heu praktisch unzerkaut, die Verdauung beginnt im ersten der vier Kuhmägen, dem sogenannten Pansen. Um die für uns Menschen unverdaulichen Zellwände von Pflanzen zu zerkleinern, tummeln sich im Rindermagen bei Temperaturen von 40 Grad unzählige Mikroben, die die Zellulose in Energie und unter anderem auch Methangas umwandeln. Das gefährliche Gas kommt übrigens entgegen landläufiger Meinung nicht in erster Linie hinten, sondern vorne heraus. Die vorverdauten Pflanzenreste werden nämlich vom zweiten Vormagen, dem sogenannten Netzmagen, durch einen Reflex wieder ins Maul des Tieres gewürgt, so dass das Methan entweichen kann. Daher spricht man von Wiederkäuern, für die der mikrobielle Abbau von Zellulose, die sogenannte Fermentation, übrigens lebensnotwendig ist. Wissenschaftler der Universität Hohenheim wollen herausgefunden haben, dass eine Kuh ungefähr 300 Liter Methan am Tag produziert. Das entspricht umgerechnet einer Luftverschmutzung von etwa drei Tonnen CO2 im Jahr. Damit ist die Kuh im Vergleich zum Auto tatsächlich der größere Klimakiller, je nach Modell, versteht sich. So kommt ein 1er BMW etwa auf einen jährlichen CO2-Ausstoß von zwei Tonnen, eine Tonne weniger als die Vergleichskuh. Die Zahlen variieren je nach Autotyp und Kuh, aber es ist klar: Rinder sind für das Klima genauso schädlich wie Autos. Immerhin stehen rund um den Globus zirka 1,5 Milliarden Kühe auf der Weide; etwa genauso viele Autos befahren die Straßen dieser Welt.[93]

Ähnlich wie sich Fahrzeuge immer umweltfreundlicher konstruieren lassen, kann man vor allem durch die Zusammensetzung des Futters auch bei Kühen den Ausstoß minimieren. Allerdings geschieht in den wärmeren Regionen der Erde genau das Gegenteil: Die dortigen Futterpflanzen haben einen deutlich geringeren Nährwert als bei kühlerem Klima. Das hat zur Folge, dass die Rinder mehr fressen und infolgedessen auch mehr verdauen müssen. Wissenschaftler des Senckenberg-

Forschungszentrums in Frankfurt sprechen sogar von einem Teufelskreis: Der weltweite Temperaturanstieg führt dazu, dass die Futterpflanzen durch dickere Blätter und Stängel robuster gegen Hitze und Wassermangel werden und dadurch für die Tiere schwerer zu verdauen sind und weniger Nährwert enthalten. Nimmt man den wachsenden Tierbestand hinzu, so prognostizieren die Forscher bis zum Jahr 2050 einen Anstieg des Methanausstoßes um 70 Prozent. Das Methanvolumen des Jahres 2050 entspräche demnach umgerechnet in etwa einem Erwärmungspotenzial von 4,7 Gigatonnen Kohlendioxid. Allerdings relativiert sich die Rolle der Rinder als Klimakiller, wenn man ihren Beitrag zum weltweiten Methanausstoß in Betracht zieht. So werden jährlich rund 500 Tonnen Methan emittiert, von denen 70 Prozent auf den Menschen zurückzuführen sind. In den letzten 50 Jahren hat sich die Methankonzentration beinahe versechsfacht. Fest steht: CH4, also Methan, stellt ein mindestens ebenso großes Problem für unsere Umwelt dar wie CO2 – auch wenn es nicht zu den Autoabgasen gehört.[94]

Klimanotstand – ein symbolischer Notruf

Durch die „Fridays for Future“-Demonstrationen war der Eindruck entstanden, die Welt hätte nur noch wenige Jahre Zeit, um das Klima zu retten, bevor die ganze Erde oder jedenfalls die Menschheit in einer globalen Naturkatastrophe untergeht. Vor diesem Hintergrund war zu verstehen, dass London, Los Angeles, Vancouver und Basel von einer „Climate Emergency“ sprachen, also einem Klimanotstand. In Großbritannien rief das

Unterhaus im Frühjahr 2019 den Klimanotstand aus. Es war zwar lediglich ein symbolischer Akt, der aber immerhin mit einem mittleren zweistelligen Milliardenbetrag jedes Jahr Berücksichtigung finden sollte.[95]

In Deutschland sollte Kiel als erste deutsche Landeshauptstadt den Klimanotstand ausrufen, jedenfalls, nach den Vorstellungen der Kreismitgliederversammlung der Kieler Grünen vom Frühjahr 2019. Zur Begründung hieß es: „Es besteht dringender Handlungsbedarf. Wissenschaftler sind sich einig, dass zur Rettung eines gemäßigten Klimas auf der Erde nur noch zehn Jahre verbleiben“. „Zum ersten Mal in der Menschheitsgeschichte haben wir eine echte Deadline“, formulierte die Kieler Ratsfraktionschefin; in dieser Lesart wäre das Klima also vor 2030 am Ende.[96] Man mag sich an die Zeugen Jehovas erinnert fühlen, die zunächst das Ende der Welt für 1975 voraussagten, sich danach auf Oktober 2014 korrigierten, und sich seitdem weigern, ein genaues Datum zu nennen.

Doch Konstanz kam Kiel zuvor: Der Gemeinderat der Städtchens am Bodensee fasste einen einstimmigen Beschluss, den Klimanotstand auszurufen. Der Ratsbeschluss umfasste konkret die klimaneutrale Energieversorgung von Gebäuden, ein Mobilitätsmanagement für die Stadt und ein Energiemanagement für städtische Gebäude. Die Anregung für den Beschluss sei von „Fridays for Future“ gekommen, bestätigte die Kommune.[97]

Utopische UNO-Klimaziele

Auf dem UNO-Klimagipfel Ende 2018 im polnischen Kattowitz wurden neue Abgaswerte festgelegt, die zu dieser Zeit schon abenteuerlich ehrgeizig erschienen.[98] Bis 2030 – also nur zwölf Jahre später – sollte für neue Pkw und Kleintransporter nur noch eine maximale Freisetzung von knapp 60 Gramm CO2 erlaubt sein. Kaum jemand nahm zunächst an der Zahl Anstoß, weil sie kaum jemand verstand. Das dürfte kein Zufall sein, denn wenn man die Angabe umrechnet, war das Aufschrecken vorprogrammiert. 60 Gramm pro CO2-Ausstoß pro 100 Kilometer entspricht einem Verbrauch von etwa 2,5 Liter Benzin bzw. 2,3 Liter Diesel pro 100 Kilometer. Damit sind Autos mit Verbrennungsmotor, am Ende. Mit einem Verbrauch in dieser Größenordnung ließe sich nur ein DDR-Trabbi in moderner Ausführung bauen, der kaum schneller als 100 Stundenkilometer fährt. Oder natürlich ein Elektroauto. Anders ausgedrückt: In weniger als zehn Jahren sind Wagen, wie wir sie heute fahren, nicht mehr erhältlich, jedenfalls nicht als Neufahrzeuge. Die um sich greifenden Fahrverbote seit 2019 zeigten, dass auch Altautos, die zuvor noch zulässig waren, zügig obsolet werden können. Wer also heute einen Neuwagen kauft, sollte ihn weit vor 2030 wieder abstoßen, schließlich ist der deutliche Wertverlust Jahr für Jahr vorprogrammiert.

Die Zielsetzungen der UNO beim Klimaschutz kamen nicht von ungefähr. Schließlich hatten die Staatenlenker dieser Welt auf der UNO-Klimakonferenz 2015 in Frankreichs Hauptstadt

Paris ein Klimaabkommen beschlossen, das die Begrenzung der globalen Erwärmung auf deutlich unter 2 Grad Celsius, möglichst 1,5 Grad, im Vergleich zum vorindustriellen Niveau vorsah. Um das zu erreichen, müssen die Treibhausgasemissionen weltweit zwischen 2045 und 2060 auf null zurückgefahren werden und anschließend ein Teil des zuvor emittierten Kohlenstoffdioxids wieder aus der Erdatmosphäre entfernt werden. Dazu bedarf es einer sehr strikten Klimaschutzpolitik. So müsste dazu die Verbrennung fossiler Energieträger bis etwa 2040 vollständig eingestellt werden und die Energieversorgung – also Strom, Wärme und Verkehr – binnen dieses Zeitraums komplett auf erneuerbare Energien umgestellt werden.[99]

Die Zeit drängte also, als die Klimaschützer Ende 2018 im polnischen Kattowitz erneut zusammenkamen, um die Erde zu retten. In einem kurz zuvor veröffentlichten Sonderbericht des Intergovernmental Panel on Climate Change (IPCC) hieß es unmissverständlich: Nur mit radikalen, schnell wirkenden Veränderungen ist das 2015 beschlossene Ziel der Begrenzung der Erderwärmung möglichst auf 1,5 Grad Celsius noch zu erreichen. Spätestens bis 2050 muss demnach der Kohlendioxidausstoß CO2 auf null gebracht werden. Dennoch scheint selbst das Minimalziel, die Erderwärmung auf 2 Grad zu begrenzen, kaum realistisch. Vielmehr ist davon auszugehen, dass sich unsere Erde immer weiter erwärmen wird, eher um drei bis vier Grad bis zum Jahr 2100.[100] Denn die weltweiten CO2-Emissionen gingen nicht wie 2015 in Paris beschlossen zurück, sondern legten ganz im Gegenteil sogar noch zu, 2018 um etwa 2 Prozent, stellte das Potsdam-Institut für Klimafolgenforschung (PIK) fest. Als Ursachen hierfür nannten die Potsdamer Klimaforscher allerdings nicht den Autoverkehr, sondern Neubauprojekte von Kohlekraftwerken in Ägypten, Bangladesch, Indonesien und Japan sowie auf den Philippinen.[101] Die Corona-bedingten Pausenjahre 2020/21 dürften genau das sein, eine Pause, bevor die Umweltschädigung wieder weitergeht. Auf der Weltklimakonferenz 2021 stellte das UNO-Umweltprogramm UNEP im „Emissions Gap Report 2021“ fest: Zurzeit steuert die Welt auf eine Erwärmung von 2,7 Grad zu. Falls die Staaten die gegebenen Zusagen für 2050 einhalten, nämlich keine Klimagase mehr auszustoßen – „Netto-Null“ –, könnte es bei einer Erhitzung um 2,2 Grad bleiben.[102]

Ökostrom für die Welt

Im Jahr 2050 könnten Sonne, Wind und andere regenerative Energiequellen ausreichen, um den weltweiten Strombedarf zu 86 Prozent zu decken, meint die Internationale Agentur für Erneuerbare Energien (Irena). Die 2009 gegründete internationale Regierungsorganisation zur weltweiten Förderung des Ausbaus und der nachhaltigen Nutzung erneuerbarer Energie wird von rund 150 Mitgliedsländern getragen.[103] Bei ihrer Kalkulation hat die Agentur eigenen Angaben zufolge schon eine deutliche Erhöhung der Stromnachfrage durch eine Milliarde Elektroautos auf den Straßen dieser Welt in Betracht gezogen. Elektrizität wäre in diesem Szenario der zentrale globale Energieträger mit 50 Prozent Anteil (2020 bei etwa 20 Prozent).

Strom könnte neben der elektrischen Automobilität auch verstärkt zum Heizen und zur Gewinnung von Wasserstoff genutzt werden, um Kerosin und Öl im Flug- und Schiffsverkehr zu ersetzen, spekuliert die Irena-Agentur. Die Kosten für den dazu notwendigen Umbau des Energiesektors veranschlagt Irena auf 15 Billionen Dollar. Die Investition soll sich volkswirtschaftlich lohnen, weil sie sich durch vermiedene Schäden des Klimawandels und reduzierten Gesundheitskosten bis zum Siebenfachen bezahlt machen würde.

Vor allem aber werden die 15 Billionen Dollar benötigt, um das globale Klimaziel zu erreichen, die weltweite Erwärmung der Erde bis Ende des Jahrhunderts unter zwei Grad gegenüber der vorindustriellen Zeit zu halten.[104]

„Wie können Sie es wagen?"

Ein je nach Blickwinkel grandioses oder jämmerliches Schauspiel bot die Klimaikone Greta Thunberg auf dem Klimagipfel 2019 der Vereinten Nationen in New York. Mit Tränen in den Augen und erstickter Stimme warf sie den amtierenden Regierungen aus aller Welt vor, ihrer Generation die Träume gestohlen zu haben. „Wie können Sie es wagen?" fragte die damals 16-jährige Schwedin mehrmals die versammelte Politprominenz auf dem Eröffnungspodium. Sie deklamierte: „Wir sind Zeugen einer massiven Zerstörung. Wir werden Ihnen das nie vergessen, wenn Sie uns weiter betrügen. Menschen leiden. Menschen sterben. Wir befinden uns am Anfang eines Massenaussterbens, und alles, woran Sie denken können, sind Geld und Märchen von ewigem Wachstum“.[105]

UNO-Generalsekretär Antonio Guterres beeilte sich, der jungen Aktivistin bei dem New Yorker Klimagipfel zuzustimmen: „Wenn wir nicht dringend unseren Lebensstil ändern, setzen wir das Leben selbst aufs Spiel. Überall auf der Welt schlägt die Natur mit Wut zurück. Das ist kein Klimaverhandlungsgipfel. Man kann nicht mit der Natur verhandeln. Die Zeit ist knapp, aber es ist noch nicht zu spät.“[106]

Die jugendliche Aktivistin und der ausgebuffte Politprofi zeichneten somit beide das Bild einer Welt, die kurz vor dem Untergang steht, aber durch rasches und energisches Eingreifen gerade noch zu retten ist. Wer dieser Überzeugung ernsthaft teilt, für den muss beinahe jede politische Maßnahme, und sei sie noch so drastisch, besser sein, als die Welt untergehen zu sehen. Thunberg und Guterres zeichneten auf dem Klimagipfel 2019 ein Katastrophenszenario, das es im Grunde unausweichlich macht, den Notstand auszurufen und die Klimarettung zum obersten aller politischen Ziele zu erklären. Das kann als moralische Rechtfertigung verstanden wissen, Verbrennungsmotoren praktisch ab sofort zu verbieten, den Verkehr im wahrsten Sinne des Wortes lahmzulegen und „notfalls“ mit Gewalt gegen SUVs und Luxuskarossen als Symbole der Umweltzerstörung vorzugehen.

Wenn die oberste Klimachefin der UNO, Patricia Espinosa, auf dem Klimagipfel 2021 die Menschheit vor der „eigenen Auslöschung“ warnte und gar ein „neues Zeitalter der Widerstandskraft“ forderte, so stilisierte sie damit ebenfalls Menschen, die sich dagegen wehren, und sei es mit Gewalt, zu „Helden der Klimarettung“ hoch.[107]

Generation Anti-Auto

Die Generation der Umweltaktivisten, die das Auto mit Verbrennungsmotor als einen der größten Feinde der Umwelt ausgemacht hat, möchte ungern auf den Klimakiller verzichten, der ihren Alltag bestimmt: das Smartphone. Mit weltweit rund drei Milliarden (!) Smartphones gehören diese Geräte zweifelsohne in jede Betrachtung über menschengemachte Klimaveränderungen einbezogen. Hierbei gilt es natürlich in allen Fällen den gesamten Lebenszyklus zu berücksichtigen, also Produktion, Vertrieb, Transport, Nutzung und Recycling. Für ein durchschnittliches Smartphone errechnet sich daraus ein CO2-Fußabdruck von insgesamt etwa 47 Kilogramm. Bei einem iPhone entfallen etwa 57 Prozent auf die Produktion, 34 Prozent auf die Nutzung, 8 Prozent auf den Transport und 1 Prozent auf das Recycling. So geht Apple eigenen Angaben zufolge davon aus, rund 40 Millionen Tonnen CO2-Emissionen im Jahr zu produzieren. Allerdings bleibt die energieintensive Rohstoffgewinnung bei dieser Rechnung noch unberücksichtigt. Für die Geräte werden rund 30 unterschiedliche Metalle benötigt. Ein durchschnittliches Smartphone beinhaltet rund 300 Milligramm Silber, 30 Milligramm Gold und elf Milligramm Palladium. Hinzu kommen Kupfer, Aluminium, Zinn und Tantal sowie zahlreiche Seltene Erden.[108]

Kanadische Forscher von der W. Booth School of Engineering Practice and Technology, die prognostizieren, dass das Smartphones 2040 der größte Klimakiller weltweit sein dürfte, könnten Recht behalten. Hinzu kommt natürlich der CO2-Ausstoß in den Rechenzentren: Jeder Klick und Wisch auf einem Smartphone wird über das Internet übertragen und führt zu mindestens einer Rechenoperation in einem Datenzentrum irgendwo auf der Welt. Es gilt die Faustregel, dass ein Smartphone in seiner Nutzung rund 20-mal so viel Energie und CO2 in Rechenzentren braucht, wie das eigentliche Gerät benötigt. Tendenz steigend, denn der Datendurst scheint ungebremst. Es gilt als konservativ gerechnet, wenn man davon ausgeht, dass sich das von Smartphones generierte Datenvolumen etwa alle fünf Jahre verzehnfacht.[109]

Beispiel Google: Jede Suchanfrage verursacht Berechnungen zufolge zwischen 5 bis 10 Gramm CO2-Ausstoß. Bei weit über 200 Millionen Suchanfragen täglich (!) errechnen sich daraus bis zu 2 Milliarden Gramm, also 2 Millionen Kilogramm am Tag. Google bestreitet die Zahl übrigens und geht lediglich von 0,2 Gramm pro Suche aus. Selbst daraus ergeben sich allerdings immer noch 400 Millionen Gramm CO2-Ausstoß pro Tag. Es ist zwar eine Dimension weniger, aber gelinde gesagt immer noch sehr viel.[110] Wer die Abschaffung des Autos fordert, sollte also konsequenterweise auch sein Smartphone beiseite legen.

Von der Fleischindustrie – das Methangas der Kühe – bis zur Digitalisierung – Smartphones und die Folgen – gibt es also viele „Klimakiller". Doch das Auto entwickelte sich geradezu zu einem Symbol der Umweltverschmutzung, zu einer Art Inkarnation der Ignoranz künftigen Generationen gegenüber – allen voran die Luxuskarossen und mehr als alles andere der SUV.

Luxuswagen im Visier

Die Angst vor der Klimakatastrophe verbunden mit der vermeintlichen Gewissheit, dass die Autos auf den Straßen dafür entscheidend mitverantwortlich sind, könnte eine zunehmende Gewaltwelle gegen Autos hervorrufen. Vor allem Luxusmarken und SUVs dürfen als gefährdet gelten.

Immerhin rief die Klimaschutzikone Greta Thunberg mit den Worten „I want you to panic!" zur Panik auf. Vermutlich hat sie damit keine Gewaltexzesse gutheißen wollen, aber ohnehin gewaltbereite Gruppierungen mögen damit eine Aufforderung zum Handeln sehen. Beispielhaft hierfür stand eine Attacke auf ein Autohaus bei Frankfurt am Main im Sommer 2019, bei dem eine unbekannte Gruppe rund 40 Luxuswagen der Marken Ashton Martin, Jaguar und Landrover teilweise schwer demolierte. In einem anonymen Bekennerschreiben dazu, das auf dem Internetportal indymedia.org veröffentlicht wurde, schrieb die bis dato unbekannte Gruppe „Steine ins Getriebe", es sei Zeit, „sichtbare Fakten zu schaffen und einfach mal anzufangen, diese Dreckschleudern zu entsorgen". Die Gruppe begründete ihre Aktion mit der „Klimakrise" und der „globalen Heißzeit". Die Internationale Automobilausstellung IAA 2019 wurde als „Propagandashow" bezeichnet, bei der „das zentrale klima- und umweltzerstörerische Verkehrssystem von Gestern ausgestellt" werde.[111] Zwei Jahre später, auf der IAA Mobility 2021 in München, war der Widerstand gegen die Automobilmesse nicht geringer; darunter war auch die Gruppierung „Sand im Getriebe".[112]

Es ist zu erwarten, dass sich die Auto-feindliche Stimmung künftig weiter anheizen wird. Wer tatsächlich glaubt, dass das Auto mit Verbrennermotor die Menschheit in die Klimakatastrophe treibt, der fühlt sich als Held – nicht als Täter – wenn er möglichst viele dieser Wagen zerstört. Immerhin verteidigte die Klimaikone Greta Thunberg anlässlich der Weltklimakonferenz 2021 erneut radikale Proteste. „Um das klarzustellen: Solange niemand verletzt wird..., muss man einige Menschen manchmal verärgern", erklärte sie.[113] Manch ein Protestler mag das dahingehend interpretieren, dass Gewalt gegen Autos sozusagen „moralisch erlaubt" ist, solange keine Menschen darin sitzen. Die Tatsache, dass beinahe ein Drittel aller weltweiten CO2-Emissionen in China entstehen, völlig losgelöst vom Straßenverkehr in Europa, spielt dabei argumentativ keine Rolle.[114] Ebenso wenig wie die Anreise von US-Präsident Joe Biden zur

Weltklimakonferenz 2021 mit insgesamt 20 (!) Autos für das Begleitpersonal. [115]

Um den Autoverkehr für Normalbürger außer Kraft zu setzen, bedarf es indes keiner „Umwelthelden“. Der Verkehrsinfarkt ist längst in vollem Gange – vor allem, weil schlichtweg zu viele Wagen unterwegs sind und das Stehen im Stau häufiger zu erleben ist als die freie Fahrt.

Verkehrsinfarkt zwingt zum Handeln

Selbst Fans der automobilen Freude wird genau diese Freude am Fahren immer häufiger genommen – nämlich dann, wenn sie im Stau stehen. Man mag dem elektrisch fahrenden Automobil und der Forderung nach der Förderung des Öffentlichen Personennahverkehrs (ÖPNV) oder sonstigen Massentransportmitteln kritisch gegenüberstehen und die Vision von der autofreien Stadt eher als Horror denn als Segen begreifen, aber die Tatsache, dass es in den Städten und auf den Straßen zu viele – viel zu viele – Autos gibt, die mehr oder minder permanent Staus verursachen, lässt sich kaum bestreiten.

Stau 38-mal um die Erde

Es ist neben dem Gewinnstreben auch die Vision einer neuen mobilen Welt, die Tesla, VW und sicherlich auch die meisten anderen Automobilhersteller antreibt. Sauberer, sicherer und natürlich staufrei – so lautet die Vorstellung.

Die Staus in Deutschland erreichen 2018 einen Negativrekord, hat der ADAC ermittelt. Alle 745.00 einzelnen Staus des Jahres aneinandergereiht ergäben eine Gesamtlänge, die 38-mal um die Erde reichen würden. Das kam mehr als 2.000 Staus pro Tag gleich. Gegenüber dem Vorjahr entsprach dies einer Verschlechterung um drei Prozent. Die Staulängen stiegen um fünf Prozent, insgesamt rund 1,5 Millionen Kilometer Blech an Blech. Die Autofahrer – oder sollte man besser Autosteher sagen – waren 459.000 Stunden im Jahr zum Stillstand gezwungen.

Schuld sind die Baustellen, die Schulferien und immer mehr Autos. Tatsächlich zählte die Bundesanstalt für Straßenwesen 2018 etwa drei Prozent mehr Baustellen als im Jahr zuvor. Die Kfz-Fahrleistung stieg um 0,4 Prozent an. Der staureichste Tag des Jahres 2018, der 28. Juni, war in der Tat dadurch gekennzeichnet, dass in Bremen, Niedersachsen und Sachsen-Anhalt gleichzeitig die Sommerferien begannen. Allein an diesem Tag staute sich der Verkehr in Deutschland auf insgesamt 13.000 Kilometern.

Aber tragen wirklich die Baustellen- und Ferienplaner die Hauptschuld am zunehmenden Verkehrskollaps in Deutschland? Diese Erklärung wäre wohl doch zu einfach. Ohne Baustellen hätten wir marode Straßen, die kaum für Tempo 130, aber sicherlich nicht für Tempo 180 oder noch schneller geeignet wären. Wer erleben will, in welch erbärmlichem Zustand sich ein Straßennetz befindet, an dem kaum gebaut wird, kann dies in weiten Teilen der USA in Augenschein nehmen. Und bei der Ferienplanung haben wir in Deutschland mit den nach Bundesländern versetzten Terminen schon ein ausgeklügeltes System, im Unterschied etwa zu Frankreich, wo das gesamte Land praktisch zeitgleich in den Urlaub fährt.

Könnte man immer mehr Autobahnen bauen? Natürlich, aber wie viele? Und natürlich sind nicht nur die Autobahnen verstopft, sondern ebenso stark die Ballungszentren und Innenstädte. Auch dort immer mehr Straßen, immer mehr Parkplätze? Wer über diese Fragen nachdenkt, sollte zumindest in Erwägung ziehen, dass es statt „immer mehr" auch ein „anders" geben könnte.

Stauhauptstadt Berlin

Berlin ist nicht nur politisch die Bundeshauptstadt, sondern auch die Stauhauptstadt Deutschlands. 2018 verbrachte der Berliner Autofahrer durchschnittlich 154 Stunden im zähfließenden Verkehr oder im Stau. Das entsprach knapp einer halben Stunde am Tag oder beinahe 20 Arbeitstagen pro Jahr.[116] Ein Jahr später, 2019, stieg die Gesamtdauer der gemeldeten Staus in Berlin sogar um rund 50 Prozent auf 22.299 Stunden. Damit rangierte Berlin gemessen an der Länge seines Autobahnnetzes erneut auf Platz Eins der bundesweiten ADAC-Staubilanz. Immerhin: 2020 kam es zu einer Halbierung der Staus beinahe in ganz Deutschland aufgrund der Pandemielage.[117]

Doch zuvor war angesichts des Staufrusts die Empörung zu verstehen, als die Berliner Verkehrssenatorin Regine Günther im Frühjahr 2019 forderte: „Wir möchten, dass die Menschen ihr Auto abschaffen". Statt mit dem Auto sollten die Menschen mit öffentlichen Verkehrsmitteln, dem Fahrrad oder in Sharing-

Fahrzeugen ihre Alltagswege zurücklegen. Mehr Autos vertrage Berlin nicht und auf dem durch Fahrzeuge blockierten Flächen könnten besser Wohnhäuser oder Naherholungsparks errichtet werden.[118] „Das alte Mobilitätskonzept der autogerechten Stadt stößt an seine Grenzen", sprach die Berliner Verkehrssenatorin aus, was wohl der ideologischen Linie einer ganzen Politikerkaste entsprach. Dazu passte ihre Aussage „Der Verbrennungsmotor hat ausgedient und wird sehr schnell ersetzt werden." Vor allem S- und U-Bahnen sollten als Ersatz dienen, mit größeren Flotten, erweiterten Strecken und höherer Taktung. Allein dafür wollte Berlin in den nächsten Jahren rund 28 Milliarden Euro aufwenden. Das stellte eine klare verkehrspolitische Ansage dar – allerdings eine gegen das Auto.

Kostenfreier ÖPNV als Abhilfe

Die Fahrverbote in der City brachten seit Anfang 2019 immer mehr Städte in die Bredouille. Nicht nur die Verärgerung der Einwohner, die nicht mehr in ihre Stadt durften, war groß, auch der Einzelhandel und das urbane Leben liefen Gefahr, Schaden zu nehmen, wenn die Dieselkäufer außen vor blieben. Vor diesem Hintergrund gewann das Stichwort „fahrscheinloser ÖPNV" an Bedeutung, also die kostenlose Nutzung des öffentlichen Personennahverkehrs. Wegweisend war Ulm: Dort beschlossen die Stadtväter, dass Busse und Bahnen neun Monate lange zumindest an Samstagen ohne Fahrschein genutzt werden durften; später wurde das Angebot bis Ende 2022 ausgeweitet.[119] Andere Kommunen dürften folgen – auch, um ihre Innenstädte nach den Coronajahren 2020/21 wieder zu beleben.

Ob der Ansatz genügt, um Deutschlands Automobilisten dauerhaft zu ÖPNV-Freunden umzuerziehen, ist allerdings zweifelhaft. Doch nach der Coronakrise 2020/21 stellt sich ohnehin die Frage, welche Anziehungskraft die Innenstädte noch haben werden, selbst bei kostenlosem ÖPNV.

Zudem steht ohnehin nur rund 27 Millionen Bundesbürgern in Großstädten und Metropolregionen ein guter öffentlicher Personennahverkehr zur Verfügung. Für rund 55 Millionen Menschen, die im Umland oder im ländlichen Raum wohnen, ist das Angebot deutlich geringer und oft nicht ausreichend. Zwar gibt es in Deutschland ein dichtes Netz von 230.000 Haltestellen für Bus und Bahn, doch weniger als die Hälfte wird auf dem Land stündlich oder häufiger bedient.[120] Der Ausbau in der Fläche lässt also zu wünschen übrig. Eine eventuelle Personalknappheit dürfte künftig kein Problem mehr darstellen: 2021 fuhren bereits die ersten S-Bahnen in Deutschland autonom. Zwar befand sich weiterhin noch ein Zugtriebführer am Fahrstand, aber nur, um bei Notfällen eingreifen zu können. Es ist wohl absehbar, dass diese Position künftig durch Kameras und KI-Software ersetzt werden wird. Mit Stand 2021 fuhren die S-Bahnen auf dem Rangiergleis beim Wenden schon ganz ohne Personal.[121]

Somit gilt es die Frage zu beantworten, in welchem Ausmaß der Individualverkehr überhaupt noch gewünscht ist, oder nicht besser Massentransportmitteln wie Bussen und Bahnen der Vorzug zu geben ist. Asien, allen voran Japan, China und der Stadtstaat Singapur, sind Vorreiter auf dem Weg zur Abschaffung oder zumindest Eindämmung des Individualverkehrs, wie an anderer Stelle in diesem Buch dargestellt wird.

Singapur gegen Tesla

Die Konfrontation zwischen dem asiatischen Stadtstaat Singapur und Tesla könnte als Indiz dafür gewertet werden, dass immer mehr Autos keine Lösung für die Umwelt- und Verkehrsprobleme darstellen – auch nicht, wenn sie elektrisch betrieben werden. Tesla sei ein Lebensstil, den man nicht wünsche, ließ die Regierung Singapurs Tesla-Chef Elon Musk wissen. Ausgerechnet im wohlhabenden, fortschrittlichen und umweltbewussten Singapur war Tesla, die Verheißung schicken und umweltfreundlichen Lebensstils, unerwünscht. Könnte das ein Hinweis darauf sein, dass Elektroautos insgesamt eher Teil des Problems als der Lösung sind, wenn es um saubere und menschenfreundliche Städte überall auf der Welt geht?

Statt den Individualverkehr mit Autos gleich welcher Antriebsart zu fördern, forciert Singapur seit Jahrzehnten den öffentlichen Nahverkehr. Bereits seit 1990 gibt es Zulassungsbeschränkungen für Neuwagen, wie übrigens auch in einer wachsenden Anzahl chinesischer Metropolen. Singapur geht dabei einen klaren Weg: Die Lizenzen und Steuern für private Pkw wurden derart erhöht, dass sie für viele Menschen unerschwinglich geworden sind. Bezeichnend für diese Politik ist, dass selbst Tesla trotz abgasfreien Fahrens mit einer CO2-Steuer belegt wurde mit der Begründung, dass man auch die Produktion der Batterien berücksichtigen müsse.

Laut Bloomberg ist Singapur „der teuerste Ort der Welt, wenn man ein Auto besitzen will". Ein Auto gleich welchen Herstellers kostet dort etwa drei- bis viermal soviel wie in jedem anderen Land. Das Vorgehen wirkt: Lediglich elf Prozent der Haushalte in Singapur besitzen einen eigenen Wagen. Im Gegenzug investiert die Regierung Singapurs kräftig in den Ausbau des öffentlichen Personennahverkehrs.[122] Beim Vergleich mit anderen Ländern ist allerdings zu bedenken: Singapur ist ein Stadtstaat, die Entfernungen sind durchweg gering. Als Vorbild für einen flächendeckenden ÖPNV in Deutschland taugt Singapur daher kaum.

Stadt ohne Autos

E-Autos lassen unsere Innenstädte neu erblühen, weil sie sie sauberer machen, argumentieren die einen. Mit Fahrverboten für die Verbrenner sind die Innenstädte der Verödung anheim gegeben, weil immer wieder Verbraucher den Weg in die City finden werden, sagen die anderen. Tatsächlich stellt sich bei der Vision von der autofreien Stadt natürlich die Frage, wie die Menschen in die City gelangen sollen. Das E-Bike oder der E-Roller können nicht als alleinige Antworten herhalten, nicht in einem Land wie Deutschland, in dem es häufiger regnet als die Sonne scheint, und in dem viele Menschen weit entfernt von Großstädten auf dem Land leben.

Die Vision von der autofreien Stadt

Stellen wir uns dennoch nur für einen Moment eine autofreie Stadt vor. Kein Stau, kein Lärm, keine Abgase. Wir flanieren über die Straßen, die in herrliche Wege mit viel Grün um uns herum umgewandelt wurden. Es ist eine ganz andere Welt, vergleichbar mit dem Unterschied zwischen der heutigen Zeit und dem Mittelalter. Kritiker werden sofort einwenden: Die Stadt wird leer sein, weil ohne Auto niemand den Weg dorthin findet. Der Einwand ist berechtigt, solange man nicht ein Konzept von nennen wir es Fahrkabinen entwickelt hat, das uns zu Hause abholt und in die Stadt bringt. Wir rufen sie per Smartphone, sagen, wohin wir wollen, und surrend fährt uns die E-Kabine zum Ziel – und zwar direkt zum Ziel, nicht zu einem Parkhaus, von dem wir erst mühsam in die Fußgängerzone gelangen müssen. Und wie bringen wir die Sachen nach Hause, die wir in der Stadt einkaufen? Gar nicht, das erledigt der Paketkarren des Ladens, in dem wir uns etwas ausgesucht haben. Kein Schleppen, kein Stau, kein Parkhaus, kein Lärm außer dem Surren der E-Kabinen. Und immer Punkt-zu-Punkt: Die E-Kabine holt uns an der Haustür ab und bringt uns genau dahin, wohin wir wollen.

Natürlich ist das eine idealtypische und man könnte auch sagen idealistische Beschreibung. Aber könnte es nicht eine Vision sein, auf die es sich lohnt hinzuwirken? Viele Fragen sind noch ungeklärt. Sollten es E-Kabinen für ein oder zwei Personen sein, oder möglicherweise eher eine Art Sammeltaxen, weil viele Menschen gleiche Wege zur gleichen Zeit haben. Oder beides zur Auswahl? Versteht sich, dass diese Vorstellung von fahrerlosen Vehikeln ausgeht, die ihr Ziel automatisch finden. Und das „E“ steht dafür, dass ein Elektromotor die Fortbewegung vorantreibt, aber nicht zwangsläufig dafür, dass die heutige aufwändige, teure und in der Gesamtbetrachtung wenig umweltfreundliche Batterietechnik zum Einsatz gelangt. Wenn die E-Batterie gelegentlich „verteufelt“ wird, bevor sie überhaupt auf breiter Front zum Einsatz gelangt, so unterschätzt dies mutmaßlich den zu erwartenden technischen Fortschritt auf diesem Sektor. Wenn heute jeder von uns ein elektronisches Gerät mit sich herumträgt, das um ein Vielfaches mehr Computerleistung besitzt als 50 Jahre zuvor für die Mondlandung zur Verfügung standen, dann darf man getrost davon ausgehen, dass die Speicherung elektrischer Energie in den nächsten Jahren und Jahrzehnten ebenfalls von einer ähnlichen Innovationskraft profitieren wird.

Wer heute mit seinem Diesel vor den Toren der Stadt bleiben muss, der wird sich mit dieser Vision allerdings kaum trösten lassen. Doch wir müssen anerkennen, dass der Fortschritt in der automobilen Welt nicht nur darin bestehen kann, immer leisere und sauberere Diesel zu entwickeln, mit denen im Prinzip alles beim alten bleibt – Staus zigmal um die Erde inklusive.

Während die Menschen heute zu recht eine verlässliche Politik anmahnen, die dafür sorgt, dass das neue Auto nicht kurz nach dem Kauf zum Stillstand verdammt ist, brauchen wir darüber hinaus auch eine Langfristperspektive. Eine Gesellschaft, die nur an sich denkt und nicht auch an nachfolgende Generationen, ist keine menschliche Gesellschaft. Das gilt zwar nicht nur für die Verkehrsplanung, aber eben auch. Ein Verkehrsinfarkt, der die Staus immer länger werden lässt, kann jedenfalls keine Zukunftsperspektive sein, nicht einmal für E-Autos.

Das Umweltbundesamt träumt

Das Umweltbundesamt hat eine Vision über die Zukunft der Mobilität in Deutschland erarbeitet. Es ist eine Art „amtlicher Traum“.[123]

Kernpunkte der behördlichen Träumerei:

- Zuerst Vorfahrt für Rad und öffentlichen Verkehr (ÖV): Im ersten Schritt werden an allen Hauptverkehrsstraßen fehlende Radwege ergänzt und an 50 % des Hauptverkehrsnetzes eigene Fahrspuren für den ÖV eingerichtet (wenn nötig, zulasten der Pkw-Stellplätze). Zusätzlich werden am Straßenrand und z.T. auch auf Privatgrundstücken (z.B. unterstützt durch Förderprogramme) einige Pkw-Stellplätze in Fahrradstellplätze umgewandelt. Für ruhenden, motorisierten Individualverkehr am Straßenrand und auf Wohngrundstücken bleiben in diesem ersten Umsetzungsstadium maximal 3 m2 pro Einwohner.

- Dann Rückbau der autogerechten Stadt: Die Flächenbelegung für ruhenden motorisierten Individualverkehr am Straßenrand und auf Wohngrundstücken beträgt maximal 1,5 m2 pro Einwohner. Freiwerdende Flächen werden für Fahrradwege und ÖV-Spuren, für Freizeit und Grünflächen, Fahrradstellplätze und – in begrenztem Umfang – für Carsharing verwendet.

- Stadt der kurzen Wege: Die durchschnittliche Weglänge beträgt nur noch 8 km pro Weg bzw. 28 km pro Person und Tag, also etwa ein Viertel kürzer als heute.

- Tägliche Mobilitätsziele sind für alle auch ohne Auto erreichbar und zugänglich, idealerweise in kurzer Distanz zu Fuß oder per Fahrrad.

- Güter und Dienstleistungen sind je nach Häufigkeit des Bedarfs einfach zu erreichen: täglich zu Fuß, periodisch mit Fahrrad und ÖV, episodisch mit ÖV und „geteiltem" Auto.

- Der gesamte Stadtverkehr (Personen- und Güterverkehr) erfolgt treibhausgasneutral und (nahezu) emissionsfrei.

- In den Innenstadtbereichen verkehren nur solche motorisierten Fahrzeuge, die elektrisch betrieben werden; Elektroautos sind kleiner und an die Nutzung in der Stadt angepasst. Der komplette ÖV ist elektrisch.

- Erneuerbarer Strom treibt die Elektrofahrzeuge an.

- Der eigene Privat-Pkw spielt eine nachgeordnete Rolle im Stadtverkehr.

- Rückgrat ist der ÖV, der auch bei ungeplanten Unterbrechungen (zum Beispiel Betriebsstörungen) durch besseres Störungsmanagement die Menschen ans Ziel bringt.

- Integrierte Mobilitätsdienstleistungen wie Carsharing, Fahrradverleihsysteme oder Online-Mitfahrvermittlungsdienste ergänzen den ÖV und sind miteinander vernetzt.

- Als Ziel gilt ein Motorisierungsgrad von maximal 150 zugelassene Pkw pro 1000 Einwohner inklusive Carsharing und Taxifahrzeugen.

- Regelgeschwindigkeit Tempo 30 gilt auf Straßen in der Stadt.

- Schnell nach draußen: Die Stadt ist mit den Siedlungsschwerpunkten des Umlandes durch ÖV und Radschnellwege verknüpft.

Das Fazit liegt auf der Hand: Das Umweltbundesamt strebt eine von Bussen, Bahnen und Fahrrädern dominierte urbane Infrastruktur an. Das Auto spielt eine ungeordnete Rolle. Selbst das E-Auto soll soweit wie möglich nur noch im Car-Sharing zum Einsatz gelangen.

Es versteht sich, dass eine solche Zukunftsskizze unmittelbar mit parteipolitischem Gezänk verknüpft ist. Für die einen stellt es eine „grüne Ideologie" dar, die den in der Coronakrise erstarkten staatlichen Dirigismus in die Zukunft fortschreiten will. Für die anderen ist es eine zwangsläufige Entwicklung, um die Umweltkatastrophe aufzuhalten.

Klar ist: Diese oder ähnliche Visionen werden die Verkehrspolitik und die Gesellschaft mindestens die 2020er Jahre hindurch entscheidend bestimmen. E-Kabinen, die durch die Stadt surren, haben zwar mit unserer herkömmlichen Vorstellung vom Automobil nicht mehr viel zu tun, wohl ebenso wenig wie zum Beispiel E-Minibusse, die die weiter außerhalb der Stadt lebende Bevölkerung abholen, mit unserem heutigen ÖPNV vergleichbar sind. Aber die intelligente Individualisierung des Personentransports stellt durchaus eine Lösung für viele heutige Verkehrsprobleme dar. Man fährt beinahe so individuell wie im herkömmlichen Auto, es gibt keinen Busfahrplan, nach dem man sich richten muss, sondern das Beförderungsmittel kommt auf Anfrage, vergleichbar mit einem Taxi, und bringt einen genau an die Stelle, zu der man möchte. Der häufig dafür verwendete und an anderer Stelle in diesem Buch diskutierte Begriff des Robotertaxi ist also durchaus angebracht.

Diese Vision basiert indes auf zwei Annahmen: erstens, dass die Menschen diese gesteuerte Individualität akzeptieren, und zweitens, dass Strom in Hülle und Fülle vorhanden ist. Beides ist jedoch keineswegs gesichert und ähnlich wie bei der Batterieproduktion die „dreckige Seite" einfach aus unserem Blickfeld verlagert wird, scheint eine ähnliche Entwicklung bei der Stromversorgung absehbar, wie an anderer Stelle in diesem Buch dargestellt wird.

Die Eisenbahn als Alternative

Im Zusammenhang mit E-Autos, dem Klimaschutz und dem Mobilitätsbedarf gibt es eine Vision, die wie folgt lautet: In der City sind nur noch E-Autos erlaubt, am liebsten im Shared-Modus, also als Robotertaxis, während der Fernverkehr vor allem auf die Eisenbahn verlagert wird, weder auf das Auto, noch auf das Flugzeug.

Im Idealfall handelt es sich dabei um eine Beförderung von Haustür zu Haustür. Also: Ein Robotertaxi holt einen zu Hause ab, bringt einen zum Bahnhof, wo man auf dem reservierten Platz im Zug Platz nimmt, und bei der Ankunft des Zuges steht ebenfalls bereits ein Robotertaxi bereit, das einen zum Ziel bringt. Dabei wird alles vorab per Smartphone gebucht und bezahlt. Zugegeben, das ist eine idealtypische Reise, die schon heute daran scheitert, dass der Zug weder pünktlich abfährt noch rechtzeitig ankommt, von der Parkplatzsuche am Bahnhof ganz zu schweigen.

Doch der Ausbau des Zugverkehrs als Alternative zu langen Fahrten mit dem eigenen Auto wird vor allem in fernöstlichen Ländern kräftig vorangetrieben. Auch für Europa gehört ein gut ausgebautes Netz von Fernzugverbindungen längst zu den politisch forcierten Projekten – auch wenn davon in der Realität bislang wenig zu spüren ist. Japan und China sind in dieser Hinsicht deutlich weiter fortgeschritten.

Japan setzt auf den Massentransport

Japan setzt viel stärker auf moderne Massentransportmittel, allen voran den Superschnellzug Shinkansen, der mit rund 320 Kilometern in der Stunde quer durch das Land rast. So verkehrt beispielsweise der 16 Waggons lange Zug zwischen der Hauptstadt Tokio und der zweitgrößten Stadt Osaka am Montagmorgen zwischen 7:00 und 7:59 beachtliche acht Mal. Und es gibt viele Fernstrecken, die der Shinkansen mit Direktverbindungen auf eigenen Trassen bedient. Die 450 Kilometer zwischen Tokio und der alten Kaiserstadt Kyoto beispielsweise legt der Superschnellzug in rund zweieinhalb Stunden zurück. Damit ist er etwa doppelt so schnell wie es eine Fahrt mit dem Auto wäre, für das eine Geschwindigkeitsbegrenzung von 100 Stundenkilometern gilt. Das strikte Tempolimit machen ebenso wie die hohen Mautgebühren der Autobahnbetreiber das Autofahren auf langen Strecken unattraktiv. Die häufigen und vor allem pünktlichen Fernzüge sind deutlich attraktiver. Im Nahverkehr liegt die Taktfrequenz etwa von Tokios S- und U-Bahnen bei zweieinhalb bis drei Minuten. Trotz der Häufigkeit sind die Züge allerdings maßlos überfüllt, sieht man von den Coronajahren 2020/21 ab. Der japanische Massenverkehr ist wie ein Gegenentwurf zur Individualität und dem Komfort, wie ihn ein Auto bietet.[124]

Genau darin sieht Japan die Zukunft. Die nächste Shinkansen-Generation Alfa-X soll ab etwa 2030 mindestens 400 Stundenkilometer erreichen und im regulären Fahrbetrieb dann mit rund 360 Kilometern in der Stunde unterwegs sein. Japans Shinkansen sieht sich weltweit im Wettbewerb mit dem CRH380A/B aus China, dem ICE aus Deutschland und dem TGV aus Frankreich. Die Chinesen haben 2010 mit dem CRH 380 auch schon Tempo 486 km/h erreicht. Deutschland hat mit dem ICE vor mehr als drei Jahrzehnten, 1988, mit 406 km/h den letzten Geschwindigkeitsrekord mit der Rad-Schiene-Technik erzielt – und wurde dann überholt. Rekordhalter ist seit 2007 übrigens Frankreich mit 574 Stundenkilometern. Die 500er Marke will Japan ab 2027 mit der Magnetschwebetechnik überschreiten. Der erste darauf basierende Shinkansen soll vollautomatisch ohne Zugführer im Normalbetrieb mit Tempo 500 die Hauptstadt Tokio mit der Industriestadt Nagoya verbinden. Auf einer Teststrecke erreichte der Magnetschwebezug schon 2015 eine Höchstgeschwindigkeit von 603 Stundenkilometern.[125] Auch das ist neben dem Individualverkehr ein Stück Zukunft. Zugverspätungen werden in Japan übrigens nicht in Minuten oder gar Stunden, sondern in Sekunden gemessen. Züge, vom Nah- bis zum Fernverkehr, stellen in Japan jedenfalls eine veritable Alternative zum Stauverkehr etwa in Deutschland dar.

China fährt mit dem Zug davon

China steht beispielhaft dafür, wie der Schienenverkehr auf langen Strecken als Alternative zum Automobilverkehr auftreten kann. Das Land verfügt seit 2020 über mehr Gleiskilometer als der Rest der Welt zusammen. Die chinesische Regierung hat offenbar erkannt, dass leistungsfähige Hochgeschwindigkeitszüge, die in ein zuverlässiges Verbindungsnetz eingebettet sind, für den Massenverkehr über Land besser geeignet sind als das Automobil oder das Flugzeug. So fährt beispielsweise ein Zug von der Hauptstadt Peking in die Wirtschaftsmetropole in nur viereinhalb Stunden. Die Strecke beträgt 1.318 Kilometer, das ist etwa soweit wie von der Ostsee bis zum Mittelmeer. Wer allerdings in Europa versucht, diese Entfernung mit der Bahn zu überwinden, ist wohl eher viereinhalb Tage als viereinhalb Stunden unterwegs. Genau genommen wird eine solche Bahnreise in Europa geradezu als aberwitzig eingestuft, so dass sie erst niemand antreten würde. In China hingegen braust man in dem Schnellzug mit bis zu 340 Stundenkilometern dahin, in bequemen Sitzen, mit Bordservice und einem unterbrechungsfreien WLAN-Zugang. Natürlich spielen auch die Kosten eine Rolle: Die Strecke Peking-Shanghai legt man für umgerechnet 71 Euro in der zweiten Klasse zurück. In Europa würde kein vernünftiger Menschen mit 71 Euro in der Tasche an der Ostsee aufbrechen, um das Mittelmehr zu erreichen – gleichgültig, mit welchem Transportmittel.

Seit 2008 hat China sein Schnellzugnetz auf rund 30.000 Kilometer ausgebaut, das sind mehr als zwei Drittel aller Strecken weltweit. Schon im Jahr 2015 nutzte jeder zweite Bahnreisende in China einen Hochgeschwindigkeitszug.

In ihrer industriepolitischen Strategie „Made in China 2025“ hat die chinesische Regierung die Bahntechnik als eins von zehn Gebieten festgelegt, auf dem das Land Weltspitze erreichen will. Die China Railway Rolling Stock Corporation (CRRC) ist zum größten Schienenfahrzeughersteller der Welt aufgestiegen.

Der Schienenverkehr ist auch gut für die Umwelt. Bislang bringt das Hochgeschwindigkeitsnetz in China zwar nur eine CO2-Ersparnis von etwa zwei Prozent. Das liegt vor allem daran, dass das Gros des Stroms aus Kohle erzeugt wird. Doch mit der sukzessiven Umstellung der Stromerzeugung auf erneuerbaren Energien wird sich die CO2-Bilanz des Landes in Zukunft signifikant verbessern – und das vermutlich viel früher, als man mit überschaubarem Aufwand von der Ostsee zum Mittelmeer gelangt.

Dennoch wird häufig pro-Auto argumentiert, dass sich die mit dem Auto erzielbare Individualität der persönlichen Mobilität auf keinem anderen Weg erreichen lässt – unabhängig von der Antriebsart, mit der das Auto unterwegs ist.

Das Auto der Zukunft

Das Auto der Zukunft wird allen Bedenken zum Trotz wohl ein E-Auto sein – zu groß ist der politische Druck in Richtung E-Mobilität und zu stark haben sich praktisch alle Autohersteller bereits auf die E-Schiene eingelassen. Doch parallel mit dem E-Auto gewinnt das D-Auto immer mehr an Fahrt – nicht etwa D wie Diesel, sondern D wie Digitaltechnik. Die absehbare Zukunft gehört dem mit Digitaltechnik vollgestopften und digital vernetzten selbstfahrenden Automobil mit Elektroantrieb.

Zugleich gewinnen neue Geschäftsmodelle an Bedeutung: Statt ein Auto zu kaufen werden künftig wohl immer mehr Menschen auf Carsharing-Dienste zurückgreifen. Das ist durchaus vernünftig.

96 Prozent Standdienst

Die Wahrheit ist: Das heutige Konzept, ein Auto zu besitzen, das vor der Tür oder in der Garage steht, in das man jederzeit einsteigt, wenn einem danach ist, und mit dem man überall hinfahren kann, wohin es einen zieht, nähert sich wohl seinem Ende. Das hat mehrere Gründe. Zum einen wird heute jedes Auto im Durchschnitt nur 4 Prozent der Zeit gefahren, 96 Prozent steht es also einfach herum. Das ist eine Verschwendung, die jeden Autobesitzer viel Geld kostet: Anschaffung, Unterhalt,

Versicherung, Parkgebühren und mehr. Zum zweiten taugt das Auto immer weniger als Statussymbol. Natürlich macht es immer noch einen Unterschied, ob jemand mit einem Rolls-Royce oder einem Fiat vorfährt. Aber wenn der Wagen ohnehin in der Tiefgarage verschwindet, lässt sich mit der Nobelkarosse seltener noch Eindruck schinden. Zudem wird der Nobelfahrer immer weniger bewundert und immer häufiger als Umweltverschmutzer wahrgenommen. Nimmt man jetzt noch hinzu, dass künftig ein zusehends größerer Teil der Menschen in dichtbesiedelten Ballungszentren lebt, wird deutlich, dass das herkömmliche Besitzen und Fahren eines Automobils dramatisch an Fahrspaß verliert.

Die Alternativen sind allerdings nicht zwangsläufig öffentliche Verkehrsmittel, denn viele Autonutzer lieben die Abgeschiedenheit einer geschlossenen Fahrkabine, wie sie selbst der kleinste Wagen bietet. Daher werden Sharing-Konzepte in den nächsten Jahren massiv an Bedeutung gewinnen, bei denen man den Wagen zwar nicht besitzt, aber zur Nutzung dennoch für sich alleine hat. Man bedient sich hierzu aus einem Fahrzeugpool, sofern man einen fahrbaren Untersatz benötigt. Sobald selbstfahrende Roboterautos massentauglich sind, wird sich das Shared-Konzept zügig im Alltag durchsetzen.

Wer einen Wagen benötigt, tippt einfach auf sein Smartphone und binnen weniger Minuten oder zur vorbestellten Zeit steht das Fahrzeug an der gewünschten Abholstelle bereit. Man steigt ein, lässt sich wie in einem Taxi fahren und verlässt den

Wagen, sobald das Fahrziel erreicht ist. Die Abrechnung erfolgt automatisch und hängt vom gewählten Fahrzeugtyp, von der Strecke und wahrscheinlich auch vom Ziel ab. Im Handydisplay wird der fällige Betrag angezeigt, den man mit einem kurzen Klick bestätigt: Aussteigen und fertig. Keine Suche nach einem Parkplatz, kein Einparken, keine Parkgebühren. Zurück geht es natürlich genauso: Smartphone, einsteigen, aussteigen, fertig. Wir alle werden uns so schnell an diesen Komfort gewöhnen, dass kaum noch einer der alten automobilen Zeit nachtrauern wird. Wer sich künftig noch ein „eigenes Auto" kauft, pflegt eine Liebhaberei, ähnlich wie es auch heute noch Menschen gibt, die Musik von der Schallplatte hören. Bei Büchern und Filmen haben sich übrigens schon viele Verbraucher an dieses Modell „Zahlen bei Nutzung" gewöhnt: Wer Kunde bei Amazon Prime oder Netflix ist, kauft sich auch nicht erst eine Bibliothek mit Büchern oder Filmen, sondern zahlt eine kleine Monatspauschale, um mitmachen zu dürfen und hat damit Zugriff auf Tausende von Buchtiteln und Filmen.

Wer einen Wagen besitzt, wird künftig als altmodisch gelten, wer ein Shared-Auto-Angebot nutzt, als modern. Der Wertewandel in der Gesellschaft macht vor der Automobilbranche nicht halt. In den USA besitzen inzwischen etwa 30 Prozent der 19jährigen keinen Führerschein mehr. Entfielen 2007 noch mehr als 17 Prozent aller Neuwagenverkäufe auf die Gruppe der 18- bis 34-jährigem, so waren es zehn Jahre später nur noch 11 Prozent – Tendenz weiter fallend.

Das Ende des Autos in der heutigen Form auszurufen, ist also keineswegs verfrüht. Aber es wird nicht das Ende des Individualverkehrs sein. Viele Menschen werden auch weiterhin nicht Busse und Bahnen mit anderen teilen wollen, sondern ihren individuellen und abgeschiedenen Lebensraum bevorzugen, wenn sie unterwegs sind. Aber sie werden immer weniger bereit sein, dafür 30.000 oder 50.000 oder gar 100.000 Euro vorab auf den Tisch des Automobilhauses zu legen und sich stattdessen für eine kleine Monatspauschale ihre persönliche Mobilität sichern.

Dabei wird es natürlich abgestufte Angebote geben. Wer lediglich Fahrten in der eigenen Stadt benötigt, zahlt weniger als derjenige, der weltweit reist und egal, wo er mit dem Flugzeug ankommt, jederzeit einen Wagen benötigt.

Carsharing boomt

Verunsicherung beim Kauf eines Neuwagens, geänderte Prioritäten der heranwachsenden Generationen, attraktivere Angebote – es gibt mehrere gute Gründe für die stark wachsende Nachfrage nach Carsharing. Anfang 2019 waren 2,46 Millionen Kunden bei einem Carsharing-Anbieter registriert. Das entsprach einer Steigerung von 14 Prozent gegenüber dem Vorjahr. Mit rund 20.200 Wagen war die Carsharing-Branche ins Jahr 2019 gegangen, 2.250 Autos mehr als ein Jahr zuvor.

Einen Paukenschlag, der in der gesamten Carsharing- und Mietwagenbranche gehört wurde, löste die Bestellung von rund 100.000 Tesla-Fahrzeugen durch die Autovermietung Hertz im Herbst 2021 aus. Es war die bis dato größte Bestellung von Elektroautos überhaupt.[126]

Schon heute lässt sich jedem Benzin- oder Dieselbesitzer nur raten, vor der Anschaffung des nächsten Wagens zumindest zu prüfen, ob es kein Shared-Angebot als Alternative gibt. Wobei heute die Bequemlichkeit noch etwas leidet, da man den Wagen an den entsprechenden Stationen abholen bzw. dorthin bringen muss. Doch sobald die Fahrzeuge autonom alleine unterwegs sind und zu Hause vorfahren, dreht sich die Sache um: Dann sind die Shared-Konzepte viel bequemer als die heutige Situation.

Der Gett-Flop von VW und die Alternativen

Wie schwierig der Weg vom traditionellen Autobauer zu einem innovativen Mobilitätsdienstleister ist, demonstrierte Volkswagen anschaulich mit dem Einstieg bei dem israelischen Startup Gett. Im Mai 2016 beteiligte sich VW mit 267 Millionen Euro bei Gett und feierte das Investment als „Meilenstein“, um sich „als ein weltweit führender Mobilitätsanbieter zu etablieren.“ Tatsächlich war es wohl nur Augenwischerei, um von dem monströsen Ausmaß des Dieseldesasters abzulenken. Man wollte mit dem vermeintlichen großen Coup eine Story präsentieren, die nach Aufbruch und Zukunft klang, die Kunden, Aktionären und Medien klarmachte, dass VW eine „coole Company“ ist.

Nur zweieinhalb Jahre später trennte sich VW wieder von dem vermeintlichen zukunftsträchtigen Startup. Schon Ende 2016, also ein halbes Jahr nach der großen Verkündung, begann der Konzern den Wert der Beteiligung schrittweise nach unten zu korrigieren. 2017 war Gett nur noch mit 16 Millionen Euro in der Bilanz, 2019 mit null Euro. Der Konzern hatte sich bei der Zukunft schlichtweg verspielt. Immerhin unternahm VW mit seiner Mobilitätstochter Moia gleich den nächsten Versuch, der deutlich vielversprechender, aber von einem internationalen Erfolg auch noch weit entfernt ist.

2021 stellte VW unter dem Namen OnePod ein futuristisches Elektroauto vor, das vollkommen autonom in der Stadt fahren soll. Fahrgäste können einfach zu- und aussteigen, oder das Stadtauto für sich selbst nutzen – so die Zukunftsvorstellung von Volkswagen. Das futuristisch anmutende Fahrzeug war nur eine „Vision der Stadt- und Verkehrsplanung von morgen“ (VW), eine Konzeptstudie. Immerhin soll das Fahrzeug als eigener Wagen, als öffentliches Verkehrsmittel und für den Lieferverkehr eingesetzt werden können.[127]

Im Sommer 2021 waren in einem Karlsruher Stadtteil erstmals drei Minibusse autonom unterwegs. Es war der bundesweit erste Test mit selbstfahrenden Kleinbussen ohne vorgegebene Strecken. Im Gegensatz zu anderen Shuttle-Projekten in

Deutschland rollten sie nämlich nicht auf einer vorgegebenen Strecke, sondern navigierten frei und auf Abruf – von der Haustür zur Stadtbahnhaltestelle, zum nächsten Geschäft oder einfach für eine Rundtour durchs Quartier.[128]

Der Autovermieter Sixt und die Technologiefirma Mobileye haben für Deutschland einen Robotertaxidienst in Aussicht gestellt.[129] Es soll sich dabei um selbstfahrende Elektroautos der Stufe 4 des chinesischen Herstellers Nio handeln, die Platz für sechs Passiere bieten.[130] Bei Level 4 sitzt zwar noch ein Fahrer hinter dem Steuer, doch dieser greift nur in Ausnahmesituationen ein.

Die Beispiele verdeutlichen die Schwierigkeiten, die sich anfangs beim Einsatz autonomer E-Fahrzeuge auf Miet- bzw. Shared-Basis einstellen, zeigen jedoch zugleich das enorme Potenzial auf, das sich ergibt, wenn die anfänglichen Hürden dereinst überwunden sind. Indes geht es dabei nicht nur um Technik, sondern auch um „das Gefühl".

Das mobile Familienmitglied

Das Haupthindernis beim Übergang vom eigenen Wagen zum Shared-Konzept besteht sicherlich darin, dass für viele Menschen das Auto eine Art Familienmitglied darstellt, das zudem das eigene Selbstwertgefühl steigert. Wenn in den letzten Jahren immer mehr SUVs auf den Straßen unterwegs sind, dann sicherlich nicht, weil die Menschen mehr Kilometer quer über die Wiese, durch den Schlamm oder im Gelände zurücklegen wollen.

Berechnungen zufolge legen sich die Deutschen im Laufe ihres Lebens drei Neuwagen und fünf Gebrauchtwagen zu. Sie geben dafür mehr als 330.000 Euro aus. Das entspricht je nach Lage einer Eigentumswohnung oder sogar einem kleinen Einfamilienhaus. Wer soviel Geld ausgibt, der hat dafür nicht nur rationale Gründe, sondern entwickelt eine emotionale Beziehung. Das Auto wird zur Projektionsfläche der eigenen Persönlichkeit und stellt für viele Menschen eine Art Inbegriff der Freiheit dar. Für die Autohersteller genügt es also nicht, nur in technischen Kategorien zu denken. Der Erfolg von Tesla ist nicht nur damit zu erklären, dass der Hersteller einen Elektromotor eingebaut hat, sondern dass die Tesla-Fahrer ihren Wagen als ein Statement ihrer eigenen Persönlichkeit verstehen.

Denn die Werte haben sich geändert. Luxus drückt sich heutzutage nicht mehr nur in „immer mehr“ aus, immer mehr Gehalt, immer mehr Status, immer mehr materielle Werte. Wichtiger sind heute für viele Menschen vor allem die freie Entfaltung, die freie Einteilung von Arbeitszeit und Arbeitsort, aber auch die Freiheit, an sinnstiftenden Entwicklungen mitzuwirken, an etwas Großem beteiligt zu sein. Hersteller, die es schaffen, sich in diesem Umfeld glaubwürdig als Magnet für Menschen zu positionieren, die „irgendwie die Menschheit verbessern“ wollen, sind die Gewinner von heute und morgen. Apple ist so ein Beispiel. Es ist kein Zufall, dass die Kunden des Konzerns mit dem angebissenen Apfel häufig als „Fangemeinde“ bezeichnet werden. Tesla ist ebenso ein Unternehmen oder hat zumindest das Potenzial dazu. Beiden Firmen ist gemein, dass sie eine charismatische Persönlichkeit an ihrer Spitze hatten bzw. haben, Steve Jobs bei Apple bzw. Elon Musk bei Tesla. Das ist kein Zufall, sondern der Glaube, als Kunde einer „Gemeinschaft“ beizutreten, ist direkt gekoppelt an einen „Messias“, der die Gemeinschaft und ihre Ziele verkörpert. VW, Daimler, BMW, selbst Porsche – sie alle stehen für Dinosaurierfirmen aus einer völlig anderen Welt. Wenn sie sich so schwer tun gegen Tesla, dann auch deswegen, weil ihnen der „Messias“ an der Spitze fehlt. Natürlich haben sie es längst geschafft, ebenfalls riesige Fangemeinden hinter sich zu scharen, aber sie stehen dennoch als Unternehmen da, die „geile Produkte“ verkaufen, können aber kaum glaubhaft ein Sendungsbewusstsein für sich reklamieren.

Es kommt also eine neue – weitere – emotionale Komponente beim Autovertrieb hin. Denn das Auto war schon immer in erster Linie durch Irrationalität bestimmt. Begriffe wie Autonomiebestreben, unbegrenzte Freiheit, Macht- und Kontrollfantasien, Selbstdarstellungswünsche und Abkapselung von der Außenwelt gehören zweifelsohne zu den klassischen irrationalen Treibern für den Kauf und die Nutzung eines Automobils, also zur „Lust auf Auto“.

Viel Geld für´s Kind

Des Deutschen liebstes Kind, das Automobil, kostet viel Geld – nicht nur für den Besitzer, sondern auch für die Gesellschaft. Lärm, Klimaschädigung, Luftverschmutzung und Unfälle sind die größten Kostenfaktoren. Der Lehrstuhl für Verkehrsökologie an der Technischen Universität Darmstadt veranschlagt diese auf die Gesellschaft umgelegten Kosten auf beachtliche 30.000 Euro pro Auto über einen Zeitraum von zehn Jahren, wobei die Wissenschaftler die Nutzung des Wagens durch eine vierköpfige Familie zugrunde legen.

Vernetzung total

Die Fahrzeugindustrie steht vor einem ähnlichen Wandel wie ihn die Computerindustrie bereits hinter sich hat. Die Lösung lautet „Vernetzung total". Die Fahrzeuge stehen im ständigen Kontakt mit dem Hersteller, mit der Verkehrsinfrastruktur und letztlich auch miteinander. Ein stetiger Informationsfluss hilft Routen zu optimieren, Staus zu vermeiden, Reisezeiten zu verkürzen. Schon heute sind rund 80 Prozent aller verkauften Neuwagen vernetzt. Auf dieses Szenario bereitet sich die klassische Automobilindustrie bereits seit vielen Jahren Schritt für Schritt vor. Hinzu kommen Assistenzsysteme, die den Fahrer immer besser unterstützen. Auch hier stellen die Hersteller alle paar Jahre Neuerungen hervor, die ein „Ah" und Oh" beim Verbraucher hervorrufen und von der Autopresse kritisch bis euphorisch getestet werden. Das Spektrum reicht vom Antiblockiersystem über den Regensensor, der den Scheibenwischer steuert, bis hin zum heutigen Spurhalteassistenten und vielen weiteren „Nettigkeiten“ dazwischen. Stets ist es für die Hersteller ein gutes Geschäft, denn natürlich wird jede Neuigkeit mit einem kräftigen Aufschlag verkauft. Dass diese Entwicklung möglicherweise nicht ewig so weitergeht, schwante den Herstellern erstmals bei Navigationssystemen. Während sie selbst die Navis je nach Modell für einige Hundert oder gar Tausende von Euros offerierten, wurde dieselbe Navigationsfunktionalität zunehmend auf Smartphones zum Spottpreis oder gar kostenlos angeboten. Die Smartphones-Navis sind nicht nur billig, sie übertreffen auch häufig in der Funktionalität die teuren Geräte der Autohersteller. Vor allem aber musste die Autobranche erstmals erleben, dass das Smartphone allmählich das Auto als nicht nur „des Deutschen liebstes Kind“ ablöst. Immer mehr Kunden stellen die Erwartung, dass sich das Smartphone-Navi ins Auto integrieren lässt, nicht etwa umgekehrt. Mit Apple Car Play und Android Auto nutzten die beiden großen US-amerikanischen Smartphone-Giganten diesen Trend geschickt aus und schlichen sich sozusagen in die Fahrzeugkabinen der Autos ein. Heute gibt es kaum noch einen Neuwagen, der nicht mit beiden Smartphone-Systemen zusammenspielt.

Sie stellen zugleich die Vorboten einer Entwicklung dar, auf die die klassischen Fahrzeughersteller weniger gut vorbereitet sind: die Totalübernahme der Autoindustrie durch die Digitalisierung. Es geht nicht mehr darum, immer neue Assistenzsysteme zu schaffen, die den Fahrer unterstützen, sondern um eine neue mobile Revolution. Die Vernetzung bildet nicht das Ziel, sondern nur die Grundlage für eine völlige Neuausrichtung: Die Fahrzeuge fahren autonom, dank Künstlicher Intelligenz wissen sie genauestens über den Nutzer Bescheid und der Innenraum verwandelt sich in eine Art Lounge, in der man arbeitet oder der Unterhaltung frönt.

Schon heute weist unser Smartphone anhand unseres Terminkalenders darauf hin, wenn es Zeit wird, aufzubrechen, um den nächsten Termin zu erreichen. Künftig wird es anhand unserer Situation wissen, wann wir einen Wagen benötigen und diesen aus einem Pool auswählen und vorfahren lassen. Auf dem Smartphone-Screen reicht dann der Hinweis „Ihr Auto ist vorgefahren“, um vor die Haustür zu treten und einzusteigen.

Bereits Anfang 2019 gab Apple Details zur Praxistauglichkeit der Autos mit CarOS bekannt. In einer siebenseitigen Dokumentation, die auf der Webseite der US-Bundesbehörde für Straßen- und Fahrzeugsicherheit der National Highway Traffic Safety Administration veröffentlicht wurde, beschrieb der Konzern, worum es ihm geht. Apple hoffte, mit einer „schonungslosen“ Verfolgung neuer Arten von Innovationen und Design „die Sicherheit und das Wohlbefinden unserer Kunden“ dramatisch zu verbessern. Künstliche Intelligenz und maschinelles Lernen dienten dazu, Produkte und Dienste „smarter, intuitiver und personalisierter“ zu gestalten. Apple investiere kräftig und sei „begeistert über das Potenzial automatisierter Systeme in vielen Bereichen“ einschließlich des Verkehrssektors. Automatisierte Fahrsysteme – Automated Driving Systems (ADS) – versprechen laut Apple die Sicherheit auf den Straßen ebenso zu erhöhen wie die allgemeine Mobilität. Darüber hinaus habe die Technik vielfache gesellschaftliche Vorteile. Apple wendet demzufolge seine bekannten Werte zur sicheren Entwicklung von ADS an. Der Konzern schrieb von „rigorosen Sicherheitsprinzipien", allerdings ohne diese näher zu benennen. Immerhin wurden typische Sensorkombinationen wie Kameras, Radar und Lidar genannt. Lidar (Light Detection And Ranging), auch Ladar (Laser Detection And Ranging), ist eine dem Radar verwandte Methode zur optischen Abstands- und Geschwindigkeitsmessung sowie zur Fernmessung atmosphärischer Parameter. Statt der Radiowellen wie beim Radar werden Laserstrahlen verwendet. Viele Automobilhersteller planen für das automatisierte Fahren mit Lidar als zentraler Komponente. Neben vielen Vorteilen wie der großen Reichweite und der sehr guten Auflösung hat die Lidar-Technik jedoch auch eine Schwäche: Lidarstrahlen werden durch Nebel und schlechte Sichtverhältnisse behindert. Es kommt also darauf an, mehrere Sensorsysteme mit unterschiedlichen Stärken im Wagen zu kombinieren, um das autonome Fahren auch unter schwierigen Verhältnissen zu ermöglichen.

Ebenso sicher wie die Roboterautos kommen, werden die heutigen Verbrennungsmotoren – also Benziner und Diesel – verschwinden. Wir werden einige wenige Jahre des Hybridantriebs erleben, also Wagen, die sowohl über einen Verbrennungs- als auch über einen Elektromotor verfügen. Danach werden die im wahrsten Sinne des Wortes reinen Elektrofahrzeug selbstverständlicher Alltag.

Neues Design für die Generation E

In E-Autos entfallen viele mechanische und thermische Bauteile wie Motor, Kühlung, Getriebe und Auspuff. Das gibt den Herstellern viele Möglichkeiten, künftige E-Generationen anders zu gestalten als heutige Wagen. Im ersten Schritt werden die E-Cars unseren heutigen Modellen sehr ähnlich sehen, erstens um die Kundschaft nicht zu verschrecken, und zweitens schlichtweg auch aus Fantasiemangel bei den Ingenieuren, die die Wagen entwickeln. Beispiel Tesla: Obgleich der Hersteller keine Rücksicht auf eine klassische Modelllinie nehmen muss, sehen die Wagen von einigen wenigen Features abgesehen in etwa so aus wie ein klassisches Automobil.

Das wird sich in Zukunft nach und nach ändern. Ganz allmählich werden die Hersteller zu neuen Formen finden, etwa bei Kleinwagen mit nur zwei Sitzen, die in der Regel für den städtischen Alltag völlig ausreichend sind. Schon frühzeitig hatte BMW beim i3 die Batterien in den Unterbogen gelegt, so dass kein Mitteltunnel im Wagen mehr benötigt wurde. Dennoch werden die nächsten E-Autos aus den genannten Gründen in der Formensprache den heutigen Modellen gleichen, aber wohl noch windschnittiger werden. Die Reichweite der E-Wagen hängt nämlich neben der Batteriekapazität vor allem vom Luft- und Rollwiderstand ab, den das Fahrzeug überwinden muss.

Das gilt zwar auch für Verbrennungswagen, aber bei E-Autos kommt der Reichweite eine viel höhere Bedeutung zu als beim Benziner oder Diesel. Wobei die „Reichweitenangst" bei der Mehrzahl aller Fahrer im Grunde überflüssig ist: Die meisten Fahrzeuge in Deutschland legen pro Tag nur 30 bis 40 Kilometer zurück.[131]

Gravierende Designänderungen sind vor allem in dem Maße zu erwarten, in dem die Wagen autonom fahren. Wenn das Auto selbstständig durch den Verkehr lenkt – ganz selbstständig, ohne Zutun des Fahrers –, dann eröffnen sich völlig neue Gestaltungsmöglichkeiten. Da bei autonom fahrenden Autos Unfälle praktisch ausgeschlossen sind, kann die Motorhaube als Knautschzone entfallen, Airbags und Seitenaufprallschutz lassen sich abschaffen oder zumindest reduzieren, ein Fußgängerschutz wird nicht mehr benötigt, Lenkrad und Pedale ebenso wenig. Der Innenraum lässt sich als Lounge gestalten, weil keine Notwendigkeit mehr besteht, dass alle Passiere nach vorne sehen. Der Einbau von Liegesitzen bietet sich geradezu an. Die Anzahl der Bedienelemente lässt sich drastisch reduzieren, wenn die Wagen primär per Sprache gesteuert werden. „Fahre mich zum nächsten Termin" sollte genügen, da das Fahrzeug natürlich mit dem Terminkalender verbunden ist und somit weiß, wohin es zu steuern hat. Ähnlich reibungslos sollten Anweisungen wie „Hole meine Tochter von der Schule ab" oder „Bringe meine Mutter zum Arzt" funktionieren; schließlich kann der Autonom-Wagen selbstständig Leerfahrten vornehmen, um jemanden irgendwohin zu bringen oder abzuholen.

Es bleibt abzuwarten, ob unterschiedliche Hersteller verschiedene Konzepte für die Gestaltung der künftigen Autonom-Generation finden, oder ob sich wie beim Smartphone eine Art Standardform herauskristallisiert. Das gilt für das Wageninnere ebenso wie für das Äußere, aber auch für die Bedienung mittels Sprachsteuerung. Schließlich will man keine Sprachkommandos lernen, sondern intuitiv einfach sagen, was man möchte.

Herausforderungen der deutschen Autoindustrie

Das Dieseldesaster hat sich die deutsche Automobilindustrie weitgehend selbst eingebrockt. Nachdem es der Autolobby nicht gelungen war, die gesetzlichen Abgaswerte auf einem Niveau zu halten, das sie auch technisch verwirklichen kann, hatte sie Manipulationssoftware eingesetzt, die auf dem Prüfstand korrekte Werte vorgaukelte und sich im Straßenverkehr im wahrsten Sinne des Wortes einen Dreck darum kümmerte.

Doch das Dieseldebakel stellte keineswegs die einzige Herausforderung für die deutsche Autoindustrie dar. Die Elektromobilität wäre den Herstellern auch ohne Dieselaffäre in die Quere gekommen, vielleicht nicht so schnell, aber dafür umso wuchtiger. Treiber der E-Autogeneration waren nicht die Fahrverbote für Verbrennungsmotoren, sondern ein vor Innovationskraft strotzender Automobilhersteller aus den USA: Tesla und sein Tech-Milliardär Elon Musk. Während Tesla vor allem auf Innovationen gepaart mit dem Image setzt, kommt die eigentliche

E-Gefahrenwelle wohl aus China: Bei der Fertigung von Elektroautos wähnen sich chinesische Firmen auf dem Vormarsch. Die für die Benzin- und Dieselmotoren notwendige deutsche Ingenieurskunst wird beim E-Car schlichtweg überflüssig; dieser bisherige deutsche Wettbewerbsvorteil entfällt komplett. Bei der für E-Autos alles entscheidenden Batterietechnik liegt hingegen China mindestens gleichauf mit dem Entwicklungsstand in Europa und den USA, wenn nicht sogar ein Stück weiter vorne.

Doch noch stärker als durch das Batteriefahrzeug wird die deutsche Autoindustrie durch die neuen Mobilitätskonzept bedroht, die durch selbstfahrende Automobile möglich werden. Ein Autonom ist nicht einfach nur ein Wagen, der ohne Fahrer allein fährt, sondern es ergeben sich dadurch fundamentale Umwälzungen für die Branche, und übrigens langfristig auch für die Innenstädte und das gesamte urbane Leben. Warum sollte man ein Auto kaufen, wenn man es per App jederzeit für eine Fahrt ordern kann? Können Autotaxis nicht viel kleiner sein – Ein- oder Zweisitzer –, wenn sie für Stadtfahrten zum Einsatz kommen? Oder sind möglicherweise kleine E-Busse, die als Sammeltaxen fungieren, die bessere Lösung? Die Liste der Fragen ist lang, die der Antworten deutlich kürzer.

Das Dieseldebakel stellte in diesem Szenario nur ein vergleichsweise kleines „Problemchen" für die Branche dar, ebenso wie die teilweise drohenden Strafzölle oder sonstige Einfuhrbeschränken für deutsche Autos in den USA oder in China. Beide

Länder verfügen über eine stark wachsende eigene Phalanx von E-Autoproduzenten und eigene Vorstellungen von der Verzahnung von Umweltschutz und Verkehrspolitik; sie werden künftig die deutschen Autohersteller mutmaßlich nicht mehr mit so offenen Armen empfangen wie in früheren Zeiten. Ganz im Gegenteil haben sie Europa eher als Absatzmarkt im Visier. Die E-Schwäche der deutschen Autohersteller macht diese schließlich auf ihrem ureigenen Heimatmarkt anfällig. Der 2020 begonnene Bau der Tesla-Produktionsstätte in Grünheide bei Berlin steht beispielhaft für diese Angriffslust. Gepaart mit einem sich vermutlich verschärfenden Handels- und Technologiekonflikt zwischen China und den USA sind internationale Handels- und Versorgungshemmnisse absehbar, unter der die deutschen Autohersteller in den 2020er Jahren zu leiden haben werden. Die Knappheit an Computerchips im Jahr 2021, die viele Autobauer zeitweise zur Stilllegung ihrer Produktionslinien zwang, war ein erster Vorbote.

Zollaufschläge, Exportverbote für Technologien und andere Hürden werden folgen. Studien des Schweizer Wirtschafts- und Beratungsinstituts Prognos kamen schon 2020 zu dem Schluss, dass durch einen Handelskonflikt „die Wirtschaftsleistung in Deutschland im Jahr 2025 um 15 Milliarden Euro beziehungsweise 0,5 Prozent niedriger liegen würde als ... ohne größere Handelskonflikte“. 15 Milliarden Euro klang viel, ist es aber nicht. Allein der VW-Konzern erwirtschaftet pro Jahr einen Umsatz von mehr als 230 Milliarden Euro. Eine ernsthafte Gefährdung der deutschen Autoindustrie durch Zölle ist nicht zu erwarten. Die wahre Gefahr liegt in den neuen Wettbewerbern und dem Technologiesektor.

Verlorene Corona-Jahre, aber nicht für alle

Die Jahre 2020/2021 gingen nicht nur der Autoindustrie an Corona verloren. Das war nach dem hausgemachten Dieseldesaster ein Schicksalsschlag aus dem nichts. Es waren indes zugleich die Schicksalsjahre, in denen sich die Angreifer der US-Wirtschaft wie etwa Tesla und Apple stärker als je zuvor formierten, um Marktdominanz zu erreichen. Ausgerechnet Tesla, der elektromobile Pionier, errichtete mitten in der Krise 2020/21 bei Berlin, also im Herzen Deutschlands, eine riesige Produktionsstätte. Ein böses Omen für die deutschen Autohersteller war dabei nicht nur die Größe der sogenannten Gigafactory, sondern vor allem die Geschwindigkeit, mit der das Werk binnen eines Jahres gebaut wurde. Es sollte den traditionellen Herstellern einen Eindruck vermitteln, mit welcher Wucht die neue Garde anzugreifen gedachte. Zeitgleich stellte sich 2020/21 eine ganze Phalanx chinesischer Hersteller für die automobile Zukunft auf, darunter Firmen wie Build Your Dreams (BYD), Nio oder XPeng, die Wagen vorstellten, die sich nicht nur in China gut verkauften, sondern auch wie gemacht für den europäischen Markt erschienen. Der chinesische Batteriehersteller Svolt Energy stellte 2021 sogar die Errichtung einer Gigafactory im Saarland in Aussicht, die ab 2023 die Batterieproduktion aufnehmen könnte.[132] Es wäre nach Tesla in Grünheide bei Berlin die zweite Gigafactory auf deutschem Boden – einmal von einer US-Firma, ein andermal von einem chinesischen Hersteller. Man konnte durchaus von einer Blamage für die deutsche Industrie sprechen. 2021 stellte zudem das italienische Unternehmen Italvolt den Bau einer Gigafactory in Europa in Aussicht – allerdings nicht in Deutschland, sondern in Italien. Ähnliche Ankündigungen kamen von der Firma Britishvolt in Großbritannien sowie der schwedischen Northvolt, die zusammen mit VW eine Gigafactory in Deutschland anstrebte.[133] Der US-amerikanische Tesla-Rivale Rivian war 2021 ebenfalls auf der Suche nach einem passenden Bauplatz für eine Fertigungsstätte.[134] Die Gigawerk-Ankündigungen waren vor einer stark wachsenden Nachfrage nach Batterien in Europa vor allem von der Automobilindustrie zu bewerten. Diese wird bis 2030 weltweit um das 17-fache auf etwa 3.600 Gigawatt (GWh) wachsen, wobei der prognostizierte Bedarf in der Europäischen Union bei 565 Gigawattstunden liegt, nur hinter China mit einem erwarteten Bedarf von 1.548 Gigawattstunden. E-Autos als Giga-Phänomen der 2020er Jahre.

Selbst die japanische Altikone Sony präsentierte einen schicken E-Car, der sich sehen lassen konnte. Es waren die Jahre 2020/21, in denen sich endgültig abzeichnete, dass die Dieselära ihrem Ende entgegen ging – und dass das Schicksal der einstigen Dieselprofiteure ebenso ungewiss erschien. Die deutsche Autoindustrie hatte sich zu weiten Teilen in ein Dieseldesaster mit doppelter Wirkung hinein manövriert: zum einen durch Lug und Betrug das alteingesessene Geschäft selbst zu Fall gebracht und zugleich das Vertrauen bei Politik, Behörden und Verbrauchern verspielt, und zum zweiten durch sträfliche Vernachlässigung der anstehenden Innovationen im Automarkt, der Elektromobilität und noch gravierender des Know-hows in Sachen Software und Künstlicher Intelligenz.

Umweltschutz kostet Arbeitsplätze

Die Verschärfung der EU-Grenzwerte für CO2 hielt Volkswagen-Chef Herbert Diess für erreichbar – und da er es Ende 2018 öffentlich verkündete, meinte er vermutlich, auf legalem Wege für erreichbar. Wörtlich sagte er „Natürlich werden wir das Ziel, bis 2030 die CO2-Emissionen nochmals um 37,5 Prozent zu reduzieren, erreichen können. Mit unserer E-Plattform und der starken Präsenz in China schaffen wir das. Dieses verschärfte Ziel bedeutet aber einen großen strukturellen Wandel."

Was der VW-Chef eigentlich sagen wollte: Die Umstellung macht Autos sehr teuer und sie wird viele Arbeitsplätze vernichten. Wörtlich führte er aus: „Wegen der teuren Batterien und der CO2-Strafzahlungen für konventionelle Autos würde Einstiegsmobilität sehr viel teurer werden, für viele Kunden unerschwinglich. Und es würde Arbeitsplätze kosten, in einer Größenordnung, die wir in diesem Zeitraum nicht mehr über Vorruhestandsregelungen abbauen können." Der VW-Chef zweifelte öffentlich an, dass sich „die Politik wirklich über die Auswirkungen ihrer Entscheidungen im Klaren" war. Mit Blick auf die damals um sich greifenden Gelbwestenproteste warnte er, dass „Menschen wegen zehn Cent mehr für Diesel auf die

Straße“ gehen. Der VW-Chef nutzte also die Wut der Autofahrer für eine deutliche Drohgebärde gegenüber der Politik aus. Das war schon dreist, ausgerechnet VW, der „größte Dieselmanipulator aller Zeiten“, stellte sich scheinheilig an die Seite der betrogenen Autobesitzer.

Um den Ernst der Lage zu verdeutlichen, ließ VW den geplanten Abbau von rund 7.000 Stellen in Hannover und Emden über die Presse verbreiten. Das waren etwa ein Drittel der insgesamt 22.000 Arbeitsplätze an beiden Standorten. Immerhin sollte der Stellenabbau sozialverträglich über Fluktuation und Altersteilzeit erfolgen. Am Standort Emden begründete VW den Abbau mit der Umstellung auf die Produktion von E-Autos. Doch dabei blieb es nicht. Am 24. September 2021 rechnete VW-Chef Herbert Diess in einer internen Aufsichtsratssitzung vor, dass die Transformation des Autobauers hin zur Elektromobilität bis zu 30.000 Stellen kosten könnte. Das wäre jeder vierte Job bei der Kernmarke VW. Der Hintergrund: Ab 2026 soll bei VW eine Generation der E-Autos von den Bändern laufen, die eine dramatische Verringerung der Komplexität mit sich bringt. Der Konzern arbeitet eigens hierfür an einer neuen Plattform namens Trinity, die E-Mobilität und Digitalisierung bis hin zum selbstfahrenden Auto vereinen soll. Die vereinheitlichte Plattform wird Plänen zufolge die Komplexität drastisch reduzieren. Der VW-Golf zum Beispiel kann derzeit je nach Kundenwunsch in zehn Millionen Varianten entstehen. Trinity würde nur weniger als hundert Varianten erlauben. Weniger Komplexität bedeutet aber auch weniger Arbeitsschritte und damit weniger

Arbeitsplätze. Der geplante Jobabbau soll vor allem den Hauptsitz von VW in Wolfsburg betreffen.[135]

Autoproduktion sinkt

Im Frühjahr 2019 begann der Sinkflug der Autoproduktion in Deutschland. Die Rede war von einem Rückgang in den deutschen Werken um rund fünf Prozent auf 4,8 Millionen Pkw. 2020 sank der Absatz in Deutschland um beinahe 20 Prozent. Während bei Volkswagen die Rückgänge bei den Marken VW und Audi insgesamt etwas über dem Durchschnitt lagen, konnten sich die Premiummarken Mercedes (minus 10,6 Prozent) und BMW (minus 13,7 Prozent) besser behaupten. Dagegen konnte Tesla seine Verkäufe in Deutschland um 55,9 Prozent steigern.[136]

Das Jahr 2021 begann für den Automobilmarkt in Deutschland trostlos. In den ersten beiden Monaten 2021 war die Nachfrage um 25 Prozent eingebrochen. Die Kombination aus Coronafrust, wirtschaftlicher Zukunftsangst und den Unwägbarkeiten bezüglich möglicher Fahrverbote von Verbrennern einerseits und den Reichweitenbeschränkungen der E-Autos andererseits ließ viele potenzielle Käufer zögern.[137]

Die Hersteller machten vor allem die Politik für den Niedergang verantwortlich: Immer striktere Abgasregularien durch die EU, Fahrverbote in Deutschland, drohende Handelszölle aus den USA, Handelshemmnisse in China. Tatsächlich waren die Schwierigkeiten im wesentlichen hausgemacht und seit Jahren verschleppt. Die Abgasgrenzwerte wurden zu lange nicht ernst genommen und mit Schummelsoftware ausgetrickst, Tesla wurde zu lange belächelt statt ernst genommen, das autonome und äußerlich lächerliche Google Car, das mit etwas mehr als Schrittgeschwindigkeit selbstständig vor sich hinfuhr, wurde als Spielerei abgetan. Erst sehr langsam schwante den deutschen Automobilherstellern, dass ein paar Zentimeter mehr Innenraum, eine Handschriftenerkennung zur Eingabe von Buchstaben ins Navigationssystem oder ein Spurhalteasssistent, der am Lenkrad rüttelt, wenn man an den Fahrbahnrand kommt, keine ausreichende Innovationskraft darstellen, um die Zukunft zu meistern. Die deutsche Automobilbranche hat es über Jahre hinweg schlichtweg versäumt, die Autoagenda für die Zukunft zu schreiben. Statt die Innovationen zu treiben, ließ sie es lange sehr gemächlich angehen und unterschätzte völlig, wie rasch, fundamental und nachhaltig der Wettbewerb aus den USA und aus China das Innovationsvakuum zu füllen in der Lage war. So war das böse Erwachen der deutschen Automobilbranche 2019 und die verzweifelte Aufholjagd seit 2020 zu erklären.

Die Hersteller sahen sich gezwungen, das Versäumte so rasch wie möglich nachzuholen und so schnell wie möglich ins Zeitalter der Elektromobilität zu fahren. Allein schon wegen der Dieselkrise und der verschärften CO2-Grenzwerte mussten Hybrid- und E-Autos her. Eines der Probleme dabei: Die Gewinnmargen sind bei Hybrid- und E-Fahrzeugen deutlich geringer als bei

Diesel und Benzinern. Vor allem beherrschten die deutschen Hersteller die für die Zukunft essenziellen Schlüsseltechnologien nicht ausreichend, weder die Batterietechnik noch das autonome Fahren. Eine Umfrage unter Automobilmanagern 2019 brachte zutage, dass sich nicht einmal die Hälfte gut auf die Batterietechnik der Zukunft vorbereitet sah. Mehr als 70 Prozent stuften die Kombination aus Dieseldesaster, strengerem Klimaschutz und den E-Wandel als die größte Herausforderung ein.

Hinzu kam gegen Ende 2021 eine zusehende Knappheit bei Elektronikbauteilen, die für moderne Autos unabdingbar sind. Dafür gab es mehrere Ursachen. Erstens hatten die deutschen Autobauer zu Anfang der Coronakrise 2020 ihre Chipbestellungen in hohem Maße storniert und viel zu zögerlich wieder aufleben lassen. Zweitens stieg angesichts des Siegeszugs des Homeoffice und des Lockdowns, in dem die Menschen über Monate hinweg ihr Haus nicht verließen, die Nachfrage nach digitalen Geräten wie PCs, Tablets, Smartphones und Fernsehern derart rapide an, die die Chipproduktion dafür benötigt wurden. Und drittens hatten die deutschen Autobauer ihre Chiplieferanten über Jahre hinweg nicht als strategische Partner behandelt, sondern als Zulieferer einsortiert und dementsprechend behandelt. Als es 2021 in der weltweiten Chipproduktion eng wurde, versorgten viele Hersteller lieber ihre Digitalabnehmer wie beispielsweise Apple, mit denen sie seit jeher eng zusammenarbeiten, mit Halbleitern, statt sich von den Automobilherstellern gängeln zu lassen. Einzig Tesla fand eine Lösung angesichts der

Chipkrise 2021. Der US-Autohersteller hatte seine Software derart flexibilisiert, dass die Wagen mit unterschiedlichen Chips je nach Verfügbarkeit produziert werden konnten. Doch nicht nur die Chipversorgung brach 2021 weg, auch die internationalen Märkte erodierten.

Gefährliche Abhängigkeit von China

Vor allem in den größten Einzelmärkten der Welt für Autos, China und die USA, stellten sich die Zukunftsaussichten der deutschen Hersteller alles anderes als rosig dar. China beherrscht die für künftige Autogenerationen notwendige Batterietechnik deutlich besser als die Deutschen. Der chinesischen Staats-Industrie-Komplex hat sich den Zugang zu den für die Batterieproduktion notwendigen Rohstoffen gesichert, kann Batteriefabriken ohne nennenswerte Umweltschutzauflagen in gigantischen Ausmaßen errichten und kann sich technologisch durchaus vom Westen emanzipieren, wie die Erfolge der chinesischen Smartphonehersteller spätestens Anfang der 2020er anschaulich bewiesen. Und stolze Errungenschaften hiesiger Ingenieurskunst wie die deutsche Motoren- und Getriebetechnik werden für die E-Autos schlichtweg nicht mehr benötigt. In den USA hat Tesla allen Schwierigkeiten zum Trotz gezeigt, wie man binnen weniger Jahre einen modernen Automobilhersteller aus dem Boden stampfen kann, der Traditionsmarken alt aussehen lässt. Selbst bloße Digitalanbieter wie Google oder Apple, die überhaupt keine eigenen Fahrzeuge bauen, sind längst zu ernst zu nehmenden Wettbewerbern herangereift. Wenn aber in den größten Automärkten der Welt, China und den USA, dortige Anbieter in eine technologische Führungsrolle schlüpfen, dürften die Aussichten der europäischen und vor allem deutschen Autohersteller nicht rosig sein.

Doch die Zukunft sieht wohl noch schlimmer für die deutschen Autohersteller aus: Sie könnten bald zum Import ihrer eigenen in China gefertigten Wagen nach Europa übergehen statt die Fahrzeuge in Deutschland zu produzieren und in die Welt zu exportieren. Das 2021 vorgestellte VW-Modell ID.6 dürfte ein Vorreiter dieser unrühmlichen Entwicklung werden: Es steht zu erwarten, dass Volkswagen in den kommenden Jahren Zehntausende in Fernost produzierte ID.6 nach Europa importieren wird, erstens, um Kosten zu sparen, und zweitens, weil die Fertigung in China ebenso gut wenn nicht sogar besser als in Deutschland arbeitet.[138] Damit begibt sich Volkswagen allerdings in eine Abhängigkeit von China, dessen Gefahrenpotenzial kaum zu überschätzen ist. Eine weitere Zuspitzung der Krise zwischen den USA und China würde zwangsläufig die Frage nach der Position Europas aufwerfen; für deutsche Autohersteller, die ohne China kaum noch Fahrzeuge zu produzieren in der Lage wären, könnte dies zur Katastrophe führen.

Das „China-Problem" ist allerdings nicht auf VW beschränkt, Daimler befindet sich in einer ähnlich prekären Situation. Für den schwäbischen Autobauer ist China nicht nur der mit Abstand wichtigste Markt, sondern mit dem Investor Li Shufu, der über die Tochterfirma Tenaciou3 Prospect Investment Limited seit 2018 den größten Anteil an Daimler besitzt, kommt auch der größte Investor aus China. Durch den starken Fokus auf die E-Mobilität macht sich Daimler zusätzlich von der Volksrepublik China abhängig. Denn statt eine eigene Batterierproduktion hierzulande aufzubauen, beziehen die Stuttgarter die Batterien für ihre E-Autos weiterhin aus Fernost, vor allem aus China.[139]

Die E-Entwicklung hat die deutsche Autoindustrie als in eine globale Zwickmühle gebracht. Zum einen drohen die übermächtigen Digitalkonzerne der USA mit ihrer Softwaredominanz das Zepter im Automobilmarkt zu übernehmen. Zum anderen gerät die deutsche Industrie in eine technologische und wirtschaftliche und somit auch politische Abhängigkeit von der Volksrepublik China, die für die Zukunft der deutschen Automobilbranche und damit auch Deutschlands nichts Gutes verheißt.

Ausblick

Mit dem Dieseldesaster ist die deutsche Autoindustrie über Jahre hinweg sehenden Auges in Richtung Abgrund gerast. Sie hat damit sich, dem Qualitätslabel „made in Germany“ und dem Wirtschaftsstandort Deutschland schweren Schaden zugefügt. Die Dreistigkeit, mit der sie sich kurz, nachdem der Schwindel aufgeflogen war, von dieser Vergangenheit distanziert hat, war schwer zu überbieten. Die Chuzpe, mit der die Branche ihre Kunden nicht nur im Regen hat stehen lassen, sondern sogar noch versucht hat, aus dem von ihr verursachten Dilemma ein zusätzliches Geschäft zu generieren, war beispiellos.

Zugleich haben die Autohersteller durch ihre Fokussierung auf Diesel und Benziner die neue Autowelt über Jahre hinweg schlichtweg verschlafen. Statt den Aufwecker Elon Musk und sein Tesla-Experiment als Vorboten zu begreifen, sonnten sich die deutschen Autobosse über Jahre hinweg in Selbstgefälligkeit bis hin zur Arroganz. Das Aufwachen kam spät, möglicherweise zu spät. Doch es war nur ein halbes Erwachen: Die Umstellung beim Antrieb auf E-Mobilität war Anfang der 2020er Jahre bei allen Autoherstellern angekommen. Aber die fundamentalen Auswirkungen künftiger Generationen autonom fahrender Automobile findet auf dem Weg in die Mitte der 2020er noch viel zu wenig Beachtung bei den traditionellen Autoherstellern.

Es geht nicht nur darum, den Motor und den Antriebsstrang auszutauschen. Es geht um völlig neue Mobilitätskonzepte. „Fliegende Autos“ stehen beispielhaft für diese visionäre Zukunft.

Über der Stadt: Flugtaxis

Flugtaxis werden schon in wenigen Jahren eine maßgebliche Rolle bei der Mobilität spielen. Die Flugroboter sehen aus wie zu groß geratene Drohnen, fliegen autonom, also ohne Piloten, und sind damit kostengünstig im Betrieb, und sie werden elektrisch angetrieben, fliegen also leise und umweltfreundlich. Studien zufolge werden sie schon 2030 in vielen Regionen zum Stadtbild gehören. 2050 sollen drei Millionen Flugtaxis weltweit unterwegs sein.

Den Kampf um den neuen Markt liefern sich mehrere Dutzend Unternehmen, darunter die Auto-, Hubschrauber- und Flugzeughersteller. So ist Daimler beispielsweise an der Start-up-Firma Volocopter beteiligt, die einen regelmäßigen Flugnahverkehr zwischen Stadtzentren und außerhalb gelegenen Flughäfen anstrebt. Boeing heizte den Markt kräftig an, als der Flugzeughersteller Anfang 2019 einen ersten Testflug mit einem „Autonomous Passender Air Vehicle“, also einem autonomen E-Lufttaxi, in den USA erfolgreich absolvierte. Innerhalb eines Jahres war man vom Konzeptdesign zum fliegenden Prototypen gekommen, jubelte der US-Flugzeugkonzern, und musste zugleich einräumen, dass man von der Serienreife noch etliche Jahre entfernt sei. Im März 2019 stellte Airbus den Cityairbus vor, der mit vier Doppelrotoren eine Reichweite von etwa 50 Kilometern erreichte.[140] Der China-Chef von Volkswagen ließ 2021 in einem Interview anklingen, dass auch sein Konzern auf dem Zukunftsmarkt der Drohnen und „Flugautos" aktiv werden möchte. Andere Autokonzerne wie Hyundai und General Motors haben sich dem Thema schon länger verschrieben.[141]

Bereits Ende 2017 sorgte Dubai für Schlagzeilen mit dem öffentlichen Test von zwei Prototypen, doch der zunächst angekündigte regelmäßige Flugbetrieb ließ auch Jahre später noch auf sich warten. Dallas, Los Angeles, Singapur und Tokio kündigten ebenfalls Interesse an. Die meisten Metropolen wollen in den frühen 2020er-Jahren Testprojekte mit Robotertaxis starten.[142] Das „Next Big Thing" der Mobilität wird sicherlich kommen – nur die Frage wann es soweit ist, bleibt vorläufig ungeklärt.

Eine Studie der Universität Michigan kommt zu dem Schluss, dass sich elektrische Robotertaxis ab Entfernungen von etwa 35 Kilometern für die Umwelt auszahlen. Bei kürzeren Strecken liegt allerdings der Energieverbrauch und die damit verbundenen Treibhausgase höher als bei Autos mit Verbrennungsmotor.

EASA bereitet Senkrechtstarter vor

Die Europäische Agentur für Flugsicherheit (EASA) stellte 2019 eine sogenannte „Special Condition“ für die Zertifizierung batterie- und hybrid-elektrischer Senkrechtstarter in Europa vor. Im Klartext: Die Behörde gab erstmals Regularien für die Entwicklung und Konstruktion von Flugtaxis vor. Im Fachjargon spricht man von manntragenden senkrecht startenden und landenden Fluggeräten (VTOL). Die Spezifikationen sehen Platz für bis zu neun Passiere vor, die maximale Abflugmasse darf 3175 Kilogramm nicht übersteigen. Die EASA unterscheidet zwei Zertifizierungskategorien: Basic und Enhanced. Wesentliches Unterscheidungsmerkmal: Fluggeräte, die zum Überfliegen von Ballungsräumen eingesetzt werden sollen, müssen den Schutz Dritter gewährleisten und fallen in die Kategorie Enhanced. Gleiches gilt für gewerblich genutzte Fluggeräte, also Flugtaxis. Für die Zukunft stellt die EASA eine flexible Anpassung der Regularien in Abhängigkeit von den Erfahrungen und den Fortschritten der Technologie in Aussicht. Damit steht wohl fest: Flugtaxis in der Luft werden im Laufe der Zeit so alltäglich werden wie heute Autos unsere Straßen bevölkern.[143] Möglicherweise wird sogar beides kombiniert.

Das fliegende Auto

Der chinesische Autohersteller Xpeng stellte 2021 Planungen für einen flugfähigen Pkw vor. Im Normalzustand soll das HT Aero genannte Vehikel wie ein herkömmliches Auto auf der

Straße fahren können. Das Konzept erinnert an die futuristischen Erfindungen aus James Bond-Filmen: Das HT Aero sieht aus wie ein Sportwagen mit einem doppelten Rotorsystem an Seitenauslegern.[144] Ob sich dieses oder ein ähnliches Konzept jemals am Markt durchsetzen wird, ist zum Zeitpunkt des Erscheinens des vorliegenden Buches nicht absehbar. Aber denkbar wäre es durchaus.

Die Technik wird über-, der Mensch unterschätzt

Autonome Elektroautos, Flugtaxis, Verkehrssteuerungen mit Künstlicher Intelligenz – das sind alles technologische Visionen. Doch das Auto der Zukunft ist nicht nur im Zusammenhang mit der Technologie der Zukunft, der Stadt der Zukunft, den Verkehrswegen der Zukunft zu denken, sondern vor allem im Kontext der gesellschaftlichen Entwicklungen. Einer Branche, der eine Ingenieurskultur zugrunde liegt, fällt dies nicht immer leicht. Um das zu verstehen, lohnt sich ein kurzer Blick in die Vergangenheit, im Sinne von „zurück in die Zukunft“.

Im Jahr 1958 wagte die Disney Company mit dem Film „Magic Highway USA“ eine kühne Projektion auf die automobile Zukunft des Jahres 2000. Nachdem wir diese magische Jahreszahl hinter uns gelassen haben, können wir einen soliden Reality Check dieser 40-Jahres-Prognose durchführen: Welche der Vorstellungen sind Realität geworden? Glücklicherweise blieb der atomgetriebene Tunnelbohrer Fiktion, aber Navigationssysteme, Rettungshubschrauber, Rückfahrkameras und Radar-

Displays sind ebenso Alltag geworden wie vernetzte Logistikketten oder das Anwachsen von Speckgürteln rund um die Großstädte.

Grob verschätzt haben sich die Disney-Prognostiker allerdings bei gesellschaftlichen Entwicklungen: Über das im Film zur Schau getragene traditionelle familiäre Rollenbild, in dem der Vater ins Büro fährt, während sich die Mutter der Haushaltsführung und dem Shopping widmet, können wir heute nur lächeln. Auch darüber, dass es zwar eine interkontinentale Vernetzung der Verkehrswege geben würde, aber die daraus resultierenden Entwicklungen wie etwa Migrationsströme nicht vorhergesagt wurden. Dennoch – oder vielleicht genau deswegen – ist der Film ein überaus lehrreiches Stück Geschichte: Wir tendieren grundsätzlich dazu, technologische Entwicklungen zu überschätzen und gesellschaftliche zu unterschätzen.

Für das Auto gilt dies uneingeschränkt. Es verleiht seinem Besitzer die Freiheit hinzureisen, wo immer er will. Das könnte er zwar auch mit dem Bus oder der Bahn, bloß ist er bei diesen Verkehrsmitteln an einen fremden Takt gebunden. Freiheit auf Raten ist keine echte Freiheit, und so stehen viele Menschen jeden Tag nach wie vor bewusst im Stau des Berufsverkehrs, obwohl sie wissen, dass öffentliche Verkehrsmittel sie rascher an ihr Ziel bringen würden und sie dabei auch ressourcenschonender reisen würden.

Wenn es darum geht, das Auto vorauszudenken, müssen wir es also in seiner gesamten Irrationalität verstehen, müssen Begriffe wie Autonomiebestreben, Macht- und Kontrollfantasien, Selbstdarstellungswünsche und die Abkapselung von der Außenwelt als treibende Faktoren für die Freude am Auto berücksichtigt werden. Daher wird es auch künftig jedenfalls auf absehbare Zeit Autos geben, die Lust und Laune machen. Wer schon Erfahrungen mit der jüngsten Generation der E-Autos gesammelt hat, wird bestätigen können: Auch mit E lässt sich viel Fahrspaß haben!

Was logisch erscheint und rational begründbar ist, ist für uns Menschen nicht immer erstrebenswert. Gerade für das Auto trifft das vielleicht mehr zu als für viele andere Güter des Alltags. Zu Ferry Porsches Vermächtnissen gehört die legendäre Prognose: „Das letzte Auto, das gebaut werden wird, wird ein Sportwagen sein.“ Er könnte recht behalten – vermutlich wird es ein E-Sportscar sein.

Über die Autoren

Thomas Gronenthal hat an der RWTH in Aachen Maschinenbau studiert und sich in seiner beruflichen Laufbahn vor allem dem Marketing technischer Produkte verschrieben. Seit 2007 ist er Geschäftsführer der PR-Agentur euromarcom public relations (European Marketing Communications). Privat gilt seine Leidenschaft vor allem zwei Themen: Autos und Uhren. Beiden Aspekten geht er weit über bloße Hobbys hinaus nach. Mit Autos befasst er sich im vorliegenden Buch sowie weiteren Werken, Uhren widmet er sich seit 2015 in dem vielbeachteten Blog Watchthusiast.

Beim Diplomatic Council, einem globalen Think Tank, der die Vereinten Nationen berät und in dessen Verlag dieses Buch erschienen ist, gehört er zur Riege der Mitgründer. Lange Jahre hat er dem Präsidium des Diplomatic Council angehört und in dieser Zeit die „Denkfabrik“ maßgeblich vorangebracht.

Et al.: Am vorliegenden Werk haben weitere Mitglieder der UNO-Denkfabrik Diplomatic Council mitgewirkt, vornehmlich durch fachliche, technische, visionäre, wissenschaftliche, gesellschaftliche und politische Beiträge. Das vorliegende Buch stellt in diesem Sinne ein Gemeinschaftswerk „et alii“ bzw. „et aliae“ dar. Diesen Gemeinsinn will die Autorengemeinschaft mit dem bibliografischen Kürzel „et al.“, also „und andere“, ausdrücken.

Bücher im DC Verlag

Denken 4.0 – Welt im Umbruch. Was die klügsten Köpfe eines globalen Think Tank über unsere Zukunft denken. Buddhi K. Athauda, Thi Thai Hang Nguyen, Andreas Dripke, 332 Seiten, Hardcover, ISBN 978-3-947818-00-6

Mein Atomknopf ist größer – America vs. North Korea. Jamal Qaiser, 184 Seiten, Paperback, ISBN 978-3-947818-01-3

Stasi 2.0 – Wie wir durch den staatlich-industriellen Digitalkomplex zu gläsernen Bürgern werden und was das für unsere Zukunft bedeutet. 2. aktualisierte Auflage, Andreas Dripke, Markus Miksch, 444 Seiten, ISBN 978-3-947818-05-1

Rechtsruck – Wie das Wiedererstarken des Nationalismus Deutschland in die Katastrophe führt. Anonyme Autoren, 660 Seiten, Paperback, ISBN 978-3-947818-06-8

Pandemie – Die Welt im Corona-Krieg, 2. aktualisierte Auflage. Andreas Dripke, Markus Miksch, 148 Seiten, Paperback, ISBN 978-3-947818-13-6

Covid-19 Falsche Pandemie – Die fatalen Fehler der WHO und ihre verhängnisvollen Folgen. Jamal Qaiser, Markus Miksch, 234 Seiten, Paperback, ISNB 978-3-947818-15-0

75 Jahre UNO – Macht und Ohnmacht der Vereinten Nationen. Andreas Dripke, Hang Nguyen, 330 Seiten, Paperback, ISBN 978-3-947818-07-5

Die Dekade 2020-2030 – Das kommt auf uns zu!, Andreas Dripke, Hang Nguyen, 362 Seiten, ISBN 978-3-947818-17-4

Corona und Impfen, Andreas Dripke et al., 188 Seiten, ISBN 978-3-947818-18-1

Hacker – Angriff auf unsere Computer-Zivilisation, Anonyme Autoren, 432 Seiten, ISBN 978-3-947818-23-5

2045 – Das Jahr, in dem die Künstliche Intelligenz schlauer wird als der Mensch, Dr. Horst Walther, Andreas Dripke, 104 Seiten, Paperback, ISBN 978-3-947818-57-0

Migration nach Europa – Wir schaffen das und die Folgen, Anonyme Autoren, 510 Seiten, Paperback, ISBN 978-3-947818-32-7

Auto – Vom Diesel-Desaster bis zum selbstfahrenden E-Auto, Autorengemeinschaft Diplomatic Council, 572 Seiten, Paperback, ISBN 978-3-947818-09-9

Digitale Disruption – Alles wird anders, Andreas Dripke et al., 216 Seiten, Paperback, ISBN 978-3-947818-34-1

Welt ohne Bargeld – Bitcoin und andere Kryptowährungen, Andreas Dripke, Stephanie Stoerk, 176 Seiten, Paperback, ISBN 978-3-947818-41-9

Die biometrische Vermessung der Menschheit, Andreas Dripke et al., 212 Seiten, Paperback, ISBN 978-3-947818-39-6

Apple Car – Wie der iKonzern das Auto neu erfindet, Andreas Dripke et al., 284 Seiten, Paperback, ISBN 978-3-94-7818-43-3

Der Wahn mit dem Datenschutz, Marc Ruberg et al., 136 Seiten, Paperback, ISBN 978-3-947818-51-8

Interim Manager berichten aus der Praxis: Automotive, Reihe „Von Interim Managern lernen", Jürgen Becker, Ulf Camehn, Ludek Cermak, Hanno Goffin, Ralf-Peter Hanrieder, Dr. Dr. Stefan Hohberger, Andreas Kälber, Dr. Gerhard Müller-Spanka, Frank P. Neuhaus, Christine Pfisterer, Christian Ritzer, Dr. Harald Schönfeld, Jane Enny van Lambalgen, 404 Seiten, ISBN 978-3-947818-29-7

Die Apple Agenda – Welche Märkte der iKonzern künftig revolutionieren wird, Andreas Dripke et al., 260 Seiten, Paperback, ISBN 978-3-947818-47-1

Hilfe, wir werden gechippt! – Vom Mikrochip unter der Haut bis zum Hirnschrittmacher, Andreas Dripke et al., 176 Seiten, Paperback, ISBN 978-3-947818-55 -6

Cyber War – Die digitale Bedrohung, Marc Ruberg et al., 244 Seiten, Paperback, ISBN 978-3-947818-45-7

Hilfe, wir werden gechippt! – Vom Mikrochip unter der Haut bis zum Hirnschrittmacher, Andreas Dripke et al., 176 Seiten, Paperback, ISBN 978-3-947818-55 -6

Denken 5.0 – Was die klügsten Köpfe eines globalen Think Tank über unsere Zukunft denken; Andreas Dripke, Claude Piel, Detlef Schmuck, Dr. Harald Schönfeld, Helmut von Siedmogrodzki, Stephanie Stoerk, Dr. Horst Walther; 292 Seiten, Paperback, ISBN 978-3-94-7818-36-5

China : USA – Der Wettkampf um die Weltspitze, Dr. Horst Walther et al., 216 Seiten, ISBN 978-3-947818-63-1

Interim Manager berichten aus der Praxis: Maschinen- und Anlagenbau, Reihe „Von Interim Managern lernen", Hrsg: Dr. Harald Schönfeld, Jürgen Becker, 300 Seiten, ISBN 978-3-947818-75-4

Digitale Identität – Unser Zwilling im Datennetz, Andreas Dripke et al. 164 Seiten, Paperback, ISBN 978-3-947818-53-2

Ewige Pandemie – Freiheit ade, Andreas Dripke, Markus Miksch, 204 Seiten, Paperback, ISBN 978-3-947818-59-4

Der digitale Euro – Computergeld statt Bares, Andreas Dripke, Stephanie Stoerk, 232 Seiten, Paperback, ISBN 978-3-947818-61-7

Europa am Scheideweg – Was Europa tun muss, um seine Zukunft zu retten, Andreas Dripke, Hang Nguyen, Dr. Horst Walther, Paperback, ISBN 978-3-947818-65-5

Auto ohne Lenkrad – Das selbstfahrende Auto steht vor der Tür, Patrick Dripke, Thomas Gronenthal et al., Paperback, ISBN 978-3-947818-79-2

Über das Diplomatic Council

Das vorliegende Werk ist im Verlag des Diplomatic Council (DC) erschienen: DC Publishing.

Das Diplomatic Council verknüpft einen globalen Think Tank, ein weltweites Business Network und eine Charity Foundation in einer einzigartigen Organisation mit Beraterstatus bei den Vereinten Nationen.

Unsere Mitglieder vertreten die feste Überzeugung, dass Wirtschaftsdiplomatie ein tragendes Fundament für die internationale Völkerverständigung und den friedlichen Umgang der Nationen darstellt. Aus dieser Erkenntnis heraus überträgt das Diplomatic Council das Ziel der globalen Völkerverständigung in ein ökonomisches Mandat. Die Methodik eines weltweiten Wirtschaftsnetzwerkes wird hierzu mit der diplomatischen Kommunikationsebene der Staaten dieser Erde untereinander verknüpft. Vor diesem Hintergrund sind im Diplomatic Council Persönlichkeiten aus Diplomatie, Wirtschaft und Gesellschaft engagiert, die mit Augenmaß ausgewählt werden und die sich durch eine hohe Akzeptanz, eine hohe Kompetenz und ein mit den Grundpfeilern des Diplomatic Council übereinstimmendes Wertesystem auszeichnen. Ebenso sind Unternehmen willkommen, für die Corporate Social Responsibility weit mehr als ein Schlagwort ist.

Weitere Informationen: www.diplomatic-council.org/application

Quellenangaben und Anmerkungen

[1] https://www.wasistwas.de/archiv-technik-details/wie-viele-autos-gibt-es-ungefaehr-auf-der-ganzen-welt.html

[2] https://www.sciencedirect.com/science/article/abs/pii/S0172219009000866

[3] http://www.tfcbooks.com/tesla/1888-05-16.htm

[4] https://en.wikipedia.org/wiki/My_Inventions:_The_Autobiography_of_Nikola_Tesla

[5] Michael Krause: *Wie Nikola Tesla das 20. Jahrhundert erfand*. Wiley, 2010, ISBN 978-3-527-50431-2

[6] https://efahrer.chip.de/news/elon-musk-haette-tesla-fast-anders-gemacht-jetzt-hat-er-den-namen-verraten_101627

[7] https://www.independent.co.uk/life-style/gadgets-and-tech/news/elon-musk-tesla-trademark-faraday-a9229746.html

[8] https://www.electrive.net/2021/01/29/faraday-future-findet-fusions-partner-fuer-boersengang/

[9] https://nikolamotor.com

[10] https://twitter.com/60minutes/status/1071174335778447361

[11] https://www.heise.de/autos/artikel/Zuendende-Idee-125-Jahre-Automobil-1177273.html

[12] https://www.theguardian.com/technology/2017/nov/17/tesla-raodster-electric-supercar-elon-musk-fast

[13] https://theverge.com/2021/2/22278792/elon-musk-joe-rogan-tesla-roadster-spacex-hover-thruster

[14] https://efahrer.chip.de/news/model-y-software-updates-und-neue-supercharger-das-tut-sich-gerade-bei-tesla_106181

[15] https://www.welt.de/wirtschaft/plus234634972/Tesla-beendet-mit-seinem-Model-3-die-Aera-Golf.html

[16] https://t3n.de/news/apple-tesla-aktie-billion-dollar-1420055/

[17] https://www.businessinsider.de/gruenderszene/automotive-mobility/amazon-google-auto-deutsche-hersteller-drehmoment/

[18] https://www.business-standard.com/article/technology/apple-watch-now-has-over-100-million-users-globally-says-analyst-121021300918_1.html

[19] https://www.spiegel.de/auto/apple-und-sony-greifen-die-autoindustrie-an-droht-vw-bmw-und-daimler-das-nokia-schicksal-a-ca2b87d5-0002-0001-0000-000175912907

[20] https://www.spiegel.de/auto/apple-und-sony-greifen-die-autoindustrie-an-droht-vw-bmw-und-daimler-das-nokia-schicksal-a-ca2b87d5-0002-0001-0000-000175912907

[21] https://www.handelsblatt.com/technik/it-internet/autonomes-fahren-apple-uebernimmt-roboterauto-start-up-drive-ai/24497948.html

[22] https://www.mobiflip.de/shortnews/apple-milliarden-aktiv-ios-geraete/

[23] https://www.businessinsider.de/wirtschaft/mobility/er-gilt-als-chinesischer-tesla-ich-habe-in-der-autonomen-oberklasse-et7-von-nio-platz-genommen-und-mich-gefuehlt-wie-in-einer-flugzeugkanzel-f/

[24] https://www.dds-online.de/allgemein/karuun-ein-geniales-rohr/

[25] https://www.businessinsider.de/wirtschaft/mobility/china-autobauer-nio-wechselt-leere-batterien-einfach-aus-und-koennte-damit-die-e-mobilitaet-revolutionieren-p/

[26] https://media.daimler.com/marsMediaSite/de/instance/ko/Daimler-Trucks-erprobt-Lkw-Platooning-auf-oeffentlichen-Highways-in-den-USA.xhtml?oid=29507091

[27] https://de.wikipedia.org/wiki/Nagel-Schreckenberg-Modell

[28] „Auto – Vom Diesel-Desaster bis zum selbstfahrenden E-Auto", Autorengemeinschaft Diplomatic Council, ISBN 978-3-947818-09-9

[29] https://www.youtube.com/watch?v=gYkYvaeNwMc

[30] https://www.golem.de/news/vw-chef-diess-volkswagen-will-eigenen-chip-fuer-seine-autos-2105-156224.html

[31] https://www.mdr.de/nachrichten/panorama/weniger-pendler-verkehr-corona-100.html

[32] https://www.tagesschau.de/inland/mobilitaet-105.html

[33] https://presse.adac.de/meldungen/adac-stiftung/adac-stiftung/studie-zum-ausbau-strom-wasserstoff.html

[34] https://www.handelsblatt.com/unternehmen/energie/mobilitaet-der-zukunft-bis-zu-sechs-milliarden-euro-ersparnis-pro-jahr-wasserstoff-koennte-die-verkehrswende-guenstiger-machen/24513804.html

[35] https://www.handelsblatt.com/unternehmen/energie/mobilitaet-der-zukunft-bis-zu-sechs-milliarden-euro-ersparnis-pro-jahr-wasserstoff-koennte-die-verkehrswende-guenstiger-machen/24513804.html

[36] https://www.sueddeutsche.de/politik/elektroautos-bundesregierung-verkehrsministerium-1.5228883

[37] https://ec.europa.eu/commission/presscorner/detail/de/IP_18_6114

[38] https://eur-lex.europa.eu/resource.html?uri=cellar:0e8b694e-59b5-11e8-ab41-01aa75ed71a1.0003.02/DOC_3&format=PDF

[39] https://www.spiegel.de/politik/ausland/eu-will-bis-2025-jaehrlich-batterien-fuer-sieben-millionen-elektroautos-produzieren-a-40ddb9b2-116c-43c6-8ed4-ad4e553b7d7b

[40] https://www.zdf.de/nachrichten/heute/batterien-die-schattenseiten-der-e-mobilitaet-100.html

[41] https://www.zdf.de/dokumentation/planet-e/planet-e-der-wahre-preis-der-elektroautos-100.html

[42] https://www.manager-magazin.de/politik/weltwirtschaft/seltene-erden-neue-angst-vor-kontrolle-kritischer-rohstoffe-durch-china-a-49876e0b-69ca-4b4d-8162-002f1c4101fb

[43] https://www.deraktionaer.de/artikel/mobilitaet-oel-energie/bmw-will-tesla-luft-aus-den-segeln-nehmen--20226196.html

[44] https://www.bw24.de/stuttgart/daimler-eauto-wahrheit-elektro-co2-stuttgart-umwelt-ingenieure-verbrenner-druck-studie-batterie-90088145.html

[45] https://efahrer.chip.de/news/alte-e-auto-akkus-mit-diesem-trick-will-vw-jetzt-milliarden-euros-verdienen_104316

[46] https://www.bw24.de/stuttgart/daimler-ag-eautos-elektro-rechenfehler-elektroauto-umwelt-argument-wanken-90815231.html

[47] https://www.futurezone.de/digital-life/article230473474/Handy-Akku-haelt-bis-zu-9-Jahre-mit-nur-einer-Ladung.html

[48] https://de.wikipedia.org/wiki/Graphen

[49] https://efahrer.chip.de/news/durchbruch-beim-e-auto-akku-china-autobauer-baut-wunder-akku-in-serie_104101

[50] https://www.iao.fraunhofer.de/de/veranstaltungen/2021/das-elektroauto-als-rollender-energiespeicher.html

[51] https://www.infranken.de/lk/bamberg/feuerwehreinsatz-in-bamberg-elektroauto-steht-in-flammen-art-5165355

[52] https://staging.up.welt.de/vermischtes/plus192664925/Brennende-Elektroautos-Eine-Herausforderung-fuer-die-Feuerwehr.html

[53] https://efahrer.chip.de/news/nach-feuer-serie-100000-elektroautos-aus-korea-bekommen-jetzt-brandneue-akkus_104215

[54] https://www.t-online.de/auto/elektromobilitaet/id_89489356/parkhaeuser-verbieten-e-autos-zufahrt-von-elektroautos-nicht-erlaubt.html

[55] https://www.golem.de/news/elektroautos-in-tiefgaragen-bundestag-verschaerft-gesetz-fuer-ladeinfrastruktur-2102-154123.html

[56] https://t3n.de/news/mythen-elektromobilitaet-1350718/

[57] https://www.electrive.com/2021/10/18/wireless-charging-corridor-gains-momentum/

[58] https://efahrer.chip.de/news/nie-wieder-strom-tanken-diese-staedte-bauen-lade-strassen-mit-fetter-leistung_106222

[59] https://www.elektroauto-news.net/2021/quantumscape-baut-festkoerperbatterie-pilotfabrik-in-kalifornien

[60] https://www.produktion.de/technik/warum-daimler-und-bosch-auf-die-brennstoffzelle-setzen-224.html

[61] https://www.grin.com/document/111749

[62] https://link.springer.com/chapter/10.1007%2F978-3-211-47104-3_1

[63] https://saemobilus.sae.org/content/800462/

[64] https://www.nature.com/articles/nature22086

[65] https://www.automobil-industrie.vogel.de/nefz-wltp-rde-pems-und-obfcm-ein-ueberblick-a-657992/

[66] Rudolf Diesel: *Theorie und Konstruktion eines rationellen Wärmemotors zum Ersatz der Dampfmaschine und der heute bekannten Verbrennungsmotoren.* Springer, Berlin, 1893, ISBN 978-3-642-64949-3.

[67] https://de.wikipedia.org/wiki/Dieselmotor

[68] https://de.wikipedia.org/wiki/EN_590

[69] https://www.chemie.de/lexikon/Dieselruß.html

[70] https://www.greenpeace.de/themen/endlager-umwelt/dieselruss-feinstaub-und-gesundheit

[71] https://www.handelsblatt.com/unternehmen/industrie/vor-dem-autogipfel-warum-der-diesel-so-gefaehrlich-ist/20135822.html

[72] https://de.wikipedia.org/wiki/Abgasnachbehandlung

[73] https://www.adac.de/rund-ums-fahrzeug/auto-kaufen-verkaufen/neuwagenkauf/euro-6d-temp-modelle/

[74] https://www.deutschlandfunk.de/luftverschmutzung-feinstaub-nox-co2-was-ist-eigentlich-was.1773.de.html

[75] https://www.swr.de/abgasalarm/wie-schaedlich-die-luftverschmutzung-wirklich-ist-8-fakten-zu-feinstaub-und-stickoxiden/-/id=18988100/did=18971804/nid=18988100/12nqid0/index.html

[76] https://kopp-report.de/generation-greta-gebt-die-smartphones-ab/

[77] https://www.adac.de/rund-ums-fahrzeug/auto-kaufen-verkaufen/neuwagenkauf/euro-6d-temp-modelle/

[78] https://www.fuhrpark.de/was-bedeutet-euro-6d-isc-fcm

[79] https://www.welt.de/wirtschaft/article220453398/Euro-7-Norm-fuer-Autos-Weltfremde-Beschluesse-mit-dramatischen-Konsequenzen.html

[80] https://www.focus.de/auto/news/bmw-betriebsratschef-warnt-massiver-stellenabbau-durch-euro-7-norm_id_13022764.html

[81] https://www.msn.com/de-de/nachrichten/finance-top-stories/dramatischer-rückgang-der-verkäufe-in-europa-der-diesel-steht-vor-dem-aus/ar-BB1enH2e

[82] https://www.oecd-ilibrary.org/sites/4a4dc6ca-en/index.html?itemId=/content/publication/4a4dc6ca-en&_csp_=681d016aff567eeb4efd802d746cdcc4&itemIGO=oecd&itemContentType=book

[83] https://www.tagesschau.de/inland/umweltbundesamt-109.html

[84] https://www.spiegel.de/wirtschaft/service/verkehr-umweltbundesamt-empfiehlt-hoehere-benzinpreise-und-aus-fuer-pendlerpauschale-a-6c40939c-73d2-49c3-a751-b53c10b378ee?fbclid=IwAR2feoFvaEHv6ljZL8-vFRjkk60v2WPcJV7ypG8JJqdYVvzGgepl0QNIrzM&sara_ecid=soci_upd_KsBF0AFjflf0DZCxpPYDCQgO1dEMph

[85] https://germanwatch.org/de/overshoot

[86] https://www.footprintnetwork.org

[87] https://www.grin.com/document/633364

[88] https://www.nau.ch/news/europa/greta-thunberg-ist-stolz-darauf-auf-autismus-spektrum-zu-sein-65502661

[89] https://www.dw.com/de/finanzminister-vereinbaren-klimakoalition/a-48318529

[90] https://www.stern.de/panorama/finanzminister-gruenden--klimakoalition----fuer-co2-bepreisung-8666216.html

[91] https://library.wmo.int/doc_num.php?explnum_id=5789

[92] https://www.br.de/klimawandel/kuh-kuehe-rind-rinder-methan-klima-landwirtschaft-treibhausgase-100.html

[93] https://www.welt.de/wissenschaft/video199492382/Klimakiller-Eine-Kuh-ist-in-etwa-so-klimaschaedlich-wie-ein-Kleinwagen.html

[94] https://www.br.de/klimawandel/kuh-kuehe-rind-rinder-methan-klima-landwirtschaft-treibhausgase-100.html

[95] https://www.faz.net/aktuell/wirtschaft/klimanotstand-ausgerufen-so-soll-grossbritannien-klimaneutral-werden-16167376.html

[96] https://www.kn-online.de/Kiel/Kiel-macht-ernst-mit-dem-Klimanotstand

[97] https://www.spiegel.de/panorama/klimanotstand-in-konstanz-was-erreicht-wurde-und-wieso-nun-streit-droht-a-f137c8a9-e61d-4291-9a23-e8b926f3130c

[98] https://www.br.de/klimawandel/un-klimakonferenz-2018-kattowitz-klimagipfel-100.html

[99] https://pvspeicher.htw-berlin.de/wp-content/uploads/2016/05/HTW-2016-Sektorkopplungsstudie.pdf

[100] https://report.ipcc.ch/sr15/pdf/sr15_spm_final.pdf

[101] https://www.pik-potsdam.de/pik-startseite

[102] https://www.unep.org/resources/emissions-gap-report-2021

[103] https://www.irena.org

[104] https://www.erneuerbare-energien.de/EE/Navigation/DE/Recht-Politik/International/IRENA/irena.html

[105] https://www.n-tv.de/politik/Wie-koennen-Sie-es-wagen--article21291000.html

[106] https://www.onvista.de/news/guterres-mahnt-eindringlich-zum-handeln-angesichts-der-klimakrise-277726529

[107] https://www.tagesschau.de/ausland/europa/klimagipfel-auftakt-101.html

[108] https://www.globalecho.org/84990/generation-greta-gebt-sofort-die-smartphones-ab/

[109] https://www.zdf.de/nachrichten/heute/smartphones-2040-groesste-klimakiller-100.html

[110] https://www.heise.de/newsticker/meldung/Fuer-wieviel-CO2-Ausstoss-sind-Internetsuchen-verantwortlich-Update-196697.html

[111] https://www.fnp.de/lokales/hochtaunus/kronberg-hessen-luxusautos-zerstoert-polizei-steht-vor-raetsel-12945659.html

[112] https://www.manager-magazin.de/unternehmen/autoindustrie/iaa-mobility-2021-in-muenchen-warum-der-neustart-der-automesse-ruckelig-wird-a-b58bb6d2-18d8-4eb1-88e9-69326a83ce12

[113] https://www.stern.de/politik/deutschland/greta-thunberg-verteidigt-radikale-proteste---einige-leute-angepisst--30881648.html

[114] https://www.spiegel.de/wissenschaft/natur/global-carbon-budget-report-co-emissionen-steigen-weltweit-wieder-an-a-d372a80d-1c36-4a7f-bca9-15f9a6de3325

[115] https://www.youtube.com/watch?v=bZ0diXAwRas

[116] https://inrix.com/press-releases/scorecard-2018-de/

[117] https://www.adac.de/verkehr/verkehrsinformationen/staubilanz/

[118] https://www.tagesspiegel.de/berlin/berlins-verkehrssenatorin-wir-moechten-dass-die-menschen-ihr-auto-abschaffen/24049058.html

[119] https://www.ulm.de/aktuelle-meldungen/zöa/dezember-2019/oepnv-im-ulm-bis-ende-2022-jeden-samstag-kostenlos

[120] https://www.br.de/nachrichten/deutschland-welt/bahn-studie-55-millionen-menschen-ohne-ausreichenden-oepnv,Sn0gw7C

[121] https://www.tagesschau.de/wirtschaft/selbstfahrende-s-bahn-hamburg-101.html

[122] https://www.welt.de/wirtschaft/article199875366/Elektroautos-Abfuhr-fuer-Elon-Musk-Singapur-will-keine-Teslas-im-Stadtstaat.html

[123] https://www.umweltbundesamt.de/themen/verkehr-laerm/nachhaltige-mobilitaet/die-stadt-fuer-morgen-die-vision#kompakt

[124]
https://www.handelsblatt.com/politik/international/weltgeschichten/koelling/weltgeschichte-der-oekonomische-sachverstand-spricht-in-japan-gegen-das-auto/24220806.html

[125] https://www.welt.de/wirtschaft/article193288981/Schnellzuege-Japans-neuer-Geschosszug-mit-400-km-h.html

[126] https://ecomento.de/2021/10/25/autovermieter-hertz-bestellt-100-000-teslas/

[127] https://www.stern.de/auto/vw--ist-dieses-autonome-e-auto-die-zukunft-der-urbanen-mobilitaet--30833430.html

[128] https://www.handelsblatt.com/technik/forschung-innovation/autonomes-fahren-bundesweiter-pilotversuch-autonomer-mini-busse-liefert-erste-ergebnisse/27604988.html?ticket=ST-679049-njAByRENif75L2k0UcVY-cas01.example.org

[129] https://newsroom.intel.de/news-releases/iaa-weltpremiere-mobileye-bringt-robotaxis-auf-die-strasen/#gs.eqotgc

[130] https://www.derstandard.de/story/2000129568241/ab-naechstem-jahr-soll-es-in-deutschland-selbstfahrende-mietautos-geben

[131] https://t3n.de/news/mythen-elektromobilitaet-1350718/

[132] https://www.businessinsider.de/wirtschaft/mobility/svolt-chinesisches-unternehmen-spendiert-deutschland-naechste-gigafactory-m/

[133] https://www.cleanthinking.de/tag/northvolt/

[134] https://www.manager-magazin.de/unternehmen/autoindustrie/tesla-rivale-rivian-koennte-eigene-fabrik-in-deutschland-bauen-a-bfa9d4e4-0e6e-422b-93d1-9e571002e015

[135] https://www.auto-motor-und-sport.de/verkehr/diess-stellenabbau-wolfsburg-vw-30000-jobs/

[136] https://www.tagesschau.de/wirtschaft/autoabsatz-2020-kba-101.html

[137] https://www.rnd.de/wirtschaft/deutscher-automarkt-am-boden-19-prozent-weniger-neuzulassungen-als-im-februar-2020-I7EA3TL6KVHCZI6EU5ZDW7JGPA.html

[138] https://www.n-tv.de/wirtschaft/Insider-VW-Spitze-bereitet-Zaesur-vor-article22893285.html

[139] https://www.bw24.de/stuttgart/daimler-ag-stuttgart-china-markt-absatz-einfluss-wut-willkuer-sanktionen-folgen-staatsregierung-90265238.html

[140] https://www.manager-magazin.de/unternehmen/industrie/flugauto-boeing-heizt-wettlauf-um-autonome-lufttaxis-mit-testflug-an-a-1249824.html

[141] https://www.businessinsider.de/wirtschaft/mobility/vw-moechte-fliegende-autos-bauen-den-anfang-soll-eine-passagier-drohne-fuer-den-chinesischen-markt-machen-a/

[142] https://www.deutschlandfunkkultur.de/mobilitaet-der-zukunft-koennen-flugtaxis-den-verkehr-der.976.de.html?dram:article_id=431517

[143] https://www.rotorandwing.com/2019/07/03/easa-releases-special-condition-certifying-vtol-aircraft/

[144] https://winfuture.de/news,125987.html